육아가 자기 계발이 되는

WIN-WIN 육아

자녀는 내게 맡겨진 기업이다!

18년 차 자녀경영가 도키코치가
공유하는 초간단 육아 레시피

마이티북스

당신의 교육 원칙에 동행해 줄 지침서의 탄생

지금의 세상은 하루하루 모든 게 변하는 것처럼 느껴집니다. 이러한 현실은 기대하게도 하지만, 누군가에게는 부담과 두려움이 되기도 합니다. 그 이유는 제가 최근 피부로 와닿은 변화에서 찾을 수 있습니다. 그중 몇 가지를 뽑아보자면, 대부분의 주유소가 셀프 주유로 전환하여 주유원이 사라지는가 하면, 여러 매장에서는 '키오스크'라는 로봇이 계산원을 대신합니다. 그뿐만 아니라 식당에서는 패턴화할 수 있는 메뉴는 요리사가 아닌 로봇을 대여하여 활용하고, 서빙도 로봇으로 대체하여 인건비를 획기적으로 줄이고 있습니다. 한마디로 기업과 자영업자들이 급격히 오르는 물가를 감당하기 위해 '어떻게 하면 인건비를 줄일 수 있을까?'를 고민하며, 실행으로 옮기고 있는 것이지요.

그로 인해 앞의 예시처럼 사람이 하던 일을 기계나 소프트웨어가 꿰참으로써 점점 일자리가 줄어가는 것이 우리에게 당면한 문제입니다. 그렇다면 우리 아이들이 성장하여 일자리를 구해야 하는 시기에는 이 변화가 모든 산업에 전방위적으로 퍼져, 로봇을 만들거나, 소프트웨어를 구성하거나, 이 같은 운영 체계를 다룰 수 있는 고급 인력을 중심으로 인력시장이 재편될 것이 확실합니다.

한편, 시대적 변화가 아닌 매일 단기적 변화가 극심하게 발생하는 곳이 있습니다. 바로 주식시장입니다. 일명 '변동성'이라는 이름으로 불리는 이 현상은 주식시장의 핵심 특성이기도 합니다. 그런데 재미있는 것은 그러한 변동성에 대응하여 설명하는 수많은 자칭 전문가가 있지만, 정작 주식 투자의 목표인 충분한 수익을 꾸준히 내는 이들은 시장 참여 투자자 중 소수에 불과합니다. 물론 그 가운데서도 소수이지만, 큰 수익을 오랜 기간 꾸준히 거두는 사람도 있습니다. 워런 버핏을 필두로, 벤저민 그레이엄, 존 보글, 피터 린치, 존 템플턴 등이 그들입니다. 이들의 투자 방식은 조금씩 차이가 있지만, 분명한 공통점이 있습니다. 바로 '투자 원칙'이 있었으며, 자신이 구성한 투자 원칙을 투자 인생 내내 스스로 지켜왔다는 사실입니다. 다시 말해, 폭풍과 같은 변동성을 지닌 주식시장에서도 최후이자, 최고의 승자가 된 투자자에게는 '동요하지 않는 투자 원칙'이 있었습니다.

교육에서도 부모와 교사, 가르치는 사람에게는 이와 같은 원칙 즉, '교육 원칙'이 필요합니다. 자기 계발 분야의 고전 반열에 오른 스티븐 코비의 『성공하는 사람들의 7가지 습관』에서도 '원칙 중심의 삶'을 성공의 가장 기본 바탕으로 제안합니다. 이 개념은 대부분의 자기계발서에서 기본 개념으로 수용하고 있기도 합니다. 그만큼 원칙은 삶을 효용성 있게 만드는 데 주요한 역할을 합니다. 이러한 이유로 부모로 성장하려면, 원칙을 분명히 하고, 그것을 스스로 지켜나가야 합니다.

하지만 정보의 홍수 속에서 내 아이에게 딱 맞는 정보를 찾아 그것을 부모인 나만의 원칙으로 구성하기란 쉬운 일이 아닙니다. 넘쳐나는 정보에, 전문가라고 지칭하는 너무 많은 사람의 제안을 따라가다 보면, 같은 사안을 두고서도 의견을 달리하기도 하니까요. 그럴 때는 어느 방향으로 나아갈지 혼란스럽기만 하죠.

이럴 때 기준을 삼아야 할 질문이 있습니다. "누가 진정한 전문가일까?" 저는 이 질문에 단호하고 명확하게 답을 할 수 있습니다. "주식 전문가는 이론으로 무장한 사람이 아니라, 실제 수익을 내는 사람이고, 교육 전문가는 이론과 언변이 좋은 사람이 아니라, 실제 학생을 변화시키는 사람"이라고.

그렇다면 자녀 교육 전문가는 실제 자신의 아이를 다음과 같은 요소를 갖도록 키운 사람이어야 합니다. 긍정적인 정서, 올바른 예의, 창의력, 어떤 일에 몰입할 수 있는 힘. 요약하자면, 자녀가 자신을 이해하고, 친사회적이면서, 기능적인 인재여야 진짜 자녀 교육 전문가라고 할 수 있습니다.

이러한 자녀 교육 전문가들에게는 다른 부모에게는 없거나, 명확하지 않은 분명한 원칙이 있습니다. 그리고 그 원칙은 스스로 세우고, 그 원칙에 자신을 심리적으로 묶어, 자신이 그 원칙을 실천할 수밖에 없도록 스스로를 단련한 삶의 흔적을 찾을 수 있습니다.

이 책을 쓴 도키코치 황선희 작가가 그중 한 사람입니다. 저는 그녀 가까이에서 멘토링하고, 지지하면서, 직접 원칙을 만들고, 그 원칙을 지킬 수밖에 없도록 스스로를 다지고, 성장시키는 과정을 빠짐없이 보았습니다. 또한 그 과정에서 부모로서 아이들과 긍정으로 관계를 맺으며, 건강한 정신과 필요한 성취를 위해 몰입하는 능력을 키워 낸 것을 10년이 넘는 기간 동안 목격하였습니다.

그와 더불어 코칭을 통해 많은 부모가 나아갈 방향을 독려하는 장면을 바라보고 있으니 놀랍기만 합니다. 참여자들이 바뀌어 가는 게 눈에 띄니까요.

이처럼 건강한 정서를 지니도록 한 비결과 성취를 위해 몰입하도록 인도한 과정의 원칙을 여기 『WIN-WIN 육아』에 담아냈습니다. 단순히 교육 이론의 편집이 아닌, 실천에서 나온 도키코치만의 원칙이기에, 내용을 따라가다 보면, 각자의 교육 원칙에 접근하는 경험을 누릴 것입니다.

가끔 저는 "전문가를 믿지 말라. 그들은 지적인 사기꾼일 뿐이다."라는 세간의 소리를 듣고는 합니다. 그러나 진정한 전문가는 실행을 통해 검증된 사람이며, 특히 교육 분야에서는 진정으로 돕고자 하고, 부모와 학생에게 유익을 주고자 하는 마음가짐을 지닌 사람이라도 할 수 있습니다. 이런 진심이 담긴 전문가는 가까이해야 할 사람입니다. 이 같은 기준에서 저는 도키코치 황선희 작가야말로 그에 부합하는 전문가라고 단언합니다.

새로운 시대에는 더욱더 효율적이고 창의적 결과를 요구하는 경향이 거대 기업을 중심으로 확산되고, 강화되리라고 봅니다. 그에 따라 학습의 방법과 내용이 바뀌고 있으며, 앞으로 그 변동성은 점차 커질 듯합니다. 그 변동성을 넘어서기 위해서는 부모 각자의 스타일에 맞는 교육 원칙을 갖는 경험이 꼭 필요하다고 생각합니다. 그러니 『WIN-WIN 육아』를 읽을 때는 '~ 하라.'는 행위 중심적 관점보다는 원칙을 세워나가는 데 초점을 두기를 권합니다. 그리한다면, 이 책은 변동성이 큰 시기를 살아야 하는 부모와 아이들에게 방향성을 제시하는 등대와 같은 역할을 하리라 믿습니다.

교육 분야야말로 큰 변화를 해야 하는 곳입니다. 그 변화의 중심에는 교육의 시작이자 끝판왕이 되는 역할을 하는 부모, 바로 당신이 있습니다. 그러려면 WIN-WIN 육아에 동참해, 시대 변동성을 넘어서는 교육 원칙을 스스로 만들어 봐야겠지요. 당신은 이 책을 읽는 경험으로 그 아이템을 획득할 수 있을 겁니다. 자, 그럼 본격적으로 출발해 볼까요?

교육학 박사/교사 김종훈

WIN-WIN 육아로의 초대

안녕하세요, '자녀경영가' 황선희입니다. 만나서 반갑습니다.

저는 현재 자녀를 잘 키우기 위해 고민하는 분들을 위해 엄마코칭을 하고 있습니다. 지금까지 많은 학생을 직접 가르치고, 학부모 상담을 진행하면서, '자녀 교육의 핵심은 결국 부모'라는 진리를 깊이 깨달았습니다. 특히 지금처럼 교권이 무너진 시대에는 부모의 역할이 그 어느 때보다 중요합니다.

'안에서 새는 바가지 밖에서도 샌다.'라는 속담이 있듯, 가정교육이 제대로 이루어지지 않으면, 아이들의 인성은 제대로 자랄 수 없습니다. 이를 증명하기라도 하듯, 저는 최근 교사들의 하소연을 자주 듣습니다. 대부분 생활 습관과 인성 교육을 제대로 받지 못한 아이들을 감당하기가 힘들어 그만두고 싶다는 내용입니다. 아이들의 학습을 담당하는 데 에너지를 쏟아야 할 교사들이 다른 문제로 힘들어한다는 건 정말 안타까운 일입니다.

학부모가 겪는 어려움 또한 만만치 않습니다. 저를 찾아오는 학부모와 대화를 나누다 보면, '무자식이 상팔자'라는 생각이 절로 듭니다. 혼란의 연속으로 느껴지니까요. 또 너무도 극명하게 본인 중심으로 돌아가던 세계가 아이 중심으로 돌아갑니다. 이렇게 세상의 중심이 바뀐다는 건 내 주변 환경이 모조리 바뀌는 것과 같습니다. 게다가 아이 중심으로 살다 보면, 내 인생이 사라지는 것 같아서 허전하고, 불안합니다. 그래서 우리는 부모가 되고부터 염려와 두려움, 스트레스에 둘러싸이게 되는 거죠.

이러한 이유로 자녀경영가로 활동하고 있는 저는 "어떻게 하면 아이를 잘 키울 수 있나요?"라는 질문을 꽤 많이 받습니다. 이때 제 대답은 초지일관 "부모가 먼저 자신을 믿어야 합니다. 그리고 자신을 사랑하세요."입니다.

맞습니다. 아이를 잘 키우기 위해서는 부모가 먼저 자신을 잘 돌보고, 키워야 해요. 육아는 부모와 아이 둘 중 한 명이 아닌, 양쪽 모두에게 이로워야 하니까요. 그래야 행복한 관계를 유지할 수 있어요.

제가 진행하고 있는 '온리원 맘스코칭'의 목적은 '사랑하는 자녀와의 행복한 동행'입니다. 이를 실현하기 위해서는 부모가 부모의 역할을 배우고 익히며, 부지런히 자녀에게 가르쳐야 합니다. 학생을 가르치는 선생이 아니라, 자녀가 독립적인 인격체로 자랄 수 있도록 돕는 코치가 되어야 한다는 의미입니다. 그렇게만 된다면 성공적으로 자녀를 기를 수 있습니다.

자녀를 잘 키우기 위한 또 하나의 비결은 육아에 대한 관점을 바꾸는 거예요. 자녀는 하나의 기업과 같습니다. 그러니 부모는 기업을 경영하는 CEO가 되는 겁니다. 기업을 경영하는 CEO의 삶을 떠올려 보세요. 빠르게 변하는 세상에서 살아남으려면 부지런히 배울 수밖에 없습니다. 부모도 마찬가지예요. 이 세상에서 우리 아이들이 제 몫을 하며 살아가게 하려면, 건강, 생활 습관, 학습, 인성 등 여러 요소를 두루두루 신경 써야 합니다. 자, 어떤가요? 부모가 자녀에게 얼마나 큰 영향력을 미치는지 느껴지나요? 아직도 모르겠다면 CEO의 역량에 따라 기업의 운명이 바뀌는 걸 생각해 보세요.

　이 책은 자녀경영가의 마인드로 자녀를 키우면 육아가 자기 계발이 될 수 있음을 알려주고 있습니다. 다시 말해, 육아로 인해 억울하고, 우울했던 감정에서 벗어나 즐거운 육아를 할 수 있도록 안내합니다. 더불어 부모와 아이가 함께 꿈꾸는 길로 데려가 줄 거예요.

　그러니 당신은 18년간 두 자녀와 한번도 갈등을 겪지 않고, 여러 가정에 부모-자녀 간 긍정의 바람을 불어넣은 도키코치를 믿고, 자녀경영가가 되기로 다짐만 하면 됩니다. 그러면 육아와 자기 계발 두 마리 토끼를 모두 잡을 수 있습니다.

　그럼, 지금부터 부모와 아이 모두에게 이로운 WIN-WIN 육아 세계로 출발합니다.

당신의 WIN-WIN 육아를 소망하는
자녀경영가 황선희 드림

엄마라는 세계

내 아이 ONlY ONE으로 키우기

PART

1

엄마라는 세계

부모가 되면서부터 우리는 기나긴 방황을 시작합니다. 나를 위한 인생을 살 것인가, 아이를 위한 인생을 살 것인가를 놓고 끊임없이 갈등하게 되지요. PART 1에서는 아이와 함께 WIN-WIN 하는 육아를 시작한 저의 스토리를 풀어봅니다.

엄마가 되어
삶의 주인공이 바뀌다

아이가 태어난 순간 제 삶의 주인공이 바뀌었습니다. 세상이 제가 아닌 아이 중심으로 돌아가기 시작한 것이지요. 한마디로 저는 한순간에 주연에서 조연으로 밀려났습니다. 눈에 띈 변화는 딸 바보였던 친정아버지가 손녀 바보가 됐고, 서로밖에 몰랐던 우리 부부가 아이와 관련한 이야기를 많이 하게 된 것입니다. 어디 그뿐인가요. 멋 내기를 좋아하던 저는 아이의 살결을 보호하기 위해 1년 내내 수유복만 고집했습니다. 당연히 인테리어도 아이의 안전을 고려하며, 하나둘 바꿔갔습니다.

이렇게 많은 일상을 송두리째 바꾼 저의 첫 아이는 아주 예민했습니다. 신생아 시기부터 엄마인 제 품에서만 잠이 들었고, 정확히 2시간 간격으로 젖을 달라고 울어댔습니다. 그 누구에게도, 심지어 아빠에게도 가지 않으려 해 저는 꼼짝없이 아이와 24시간을 붙어있어야만 했습니다. 화장실을 갈 때도 예외가 아니었지요.

단 한번도 상상하지 못한 상황이라 저는 멘탈이 바사삭 부서지는 경험을 했습니다. 게다가 저는 아이가 태어나면 육아에 대한 지혜와 아이를 사랑하는 마음이 저절로 생기는 줄 알았고, 출산 전에 육아 관련 서적을 읽으며 나름 공부를 많이 했다고 생각해, 아이를 잘 키울 자신감이 충만했던 터라 제게 일어난 문제들이 더 충격적이었습니다.

그 와중에 저를 가장 힘들게 한 건 '엄마'라는 이름의 무게였습니다. 그 이전까지는 아이를 낳아 키우는 데 이토록 엄청난 책임이 따르는 줄 몰랐거든요. 가령 이런 것들 말입니다. 매일 아이의 수발을 들다가 지쳐 잠들어도 2시간 간격으로 일어나 모유 수유를 해야 한다거나, 좋아하는 커피와 매운 음식을 거들떠보지도 못한다거나, 결혼 전처럼 한 달에 한 번 미용실에서 두피 마사지와 염색을 하는 건 꿈도 꿀 수 없다거나. 누군가에게는 엄마가 되면 당연히 지켜야 할 수칙일 수도 있겠지만, 저는 그 현실이 마치 공주로 살다가 전쟁이 일어나 다른 나라에 노예로 끌려간 기분이었습니다.

육아는 제 삶을 모조리 부수는 망치와 같았습니다. 남편 품에서 행복하게 잠들던 모습, 열정적으로 아이들을 가르치던 모습, 운동하며 나를 가꾸던 모습, 책을 읽으며 자기 계발을 하던 모습, 교회에서 말씀을 들으며 신앙생활을 하던 모습이 모두 커다란 망치로 인해 부서진 것만 같았습니다.

더 최악이었던 것은 저를 대체할 수 있는 사람이 아무도 없었다는 부분입니다. 하는 수없이 저는 이 악물고 버텨야 했습니다. 그래도 아이가 눈을 뜨고 있는 동안에는 견딜만했습니다. 제 눈에 세상에서 둘도 없는 예쁘고, 사랑스러운 아이를 위해 책도 읽어주고, 말도 거느라 다른 생각을 할 겨를이 없었으니까요. 하지만 아이가 잠이 드는 순간, 부정적인 마음이 올라왔습니다.

'아이를 어린이집에 맡기고, 네 삶을 살아.'
'그렇게까지 책임감을 느끼지 않아도 돼. 아이한테 TV 틀어주고, 너도 드라마 보면서 좀 쉬어.'
'이 지긋지긋한 삶이 끝날 것 같아? 내일도 똑같이 반복될 걸?'

마치 악마가 속삭이는 것 같았습니다. 저도 모르게 자존감도 바닥을 쳤지요. 남편을 붙들고 울면서 하소연하는 것도 큰 도움이 되지 않았습니다.

그러던 어느 날, 교회 설교 시간에 목사님이 이런 질문을 했습니다. "여러분, 남편과 자신의 목숨을 바꿀 수 있습니까?" "음……." 저는 대답을 망설였습니다. 제 목숨이 아까워서라기보다는 잠시였지만, 아이 곁에 아빠가 있는 게 나을지, 엄마가 있는 게 나을지를 고민한 것입니다. 이어서 목사님은 또 하나의 질문을 했습니다. "그럼, 아이와 자신의 목숨을 바꿀 수 있습니까?" "네!" 0.1초의 망설임도 없이 대답이 튀어나왔고, 눈물이 왈칵 쏟아졌습니다. 그리고 깨달았습니다. 내 목숨보다 귀한 존재가 바로 우리 아이라는 사실을요. 그런데 이처럼 소중한 아이를 키우면서, 주인공의 자리를 빼앗겼다고 투정을 부리고 있었다니. 엄마가 된다는 건 내 목숨보다 귀한 존재를 품는 것임을 그제야 알게 됐습니다.

그때부터였습니다. 저는 육아에 대한 불평을 하나둘 내려놓았습니다. 내가 아닌 아이에게 온 힘을 기울이고, 집중했습니다. 아이가 눈을 뜨고 있는 동안은 아이에게 온전히 집중했고, 아이가 잠을 자는 동안은 교육 관련 책을 읽으며 공부했습니다. 아이를 잘못 키울까 봐 불안한 마음이 들 때도 책을 펼쳤습니다. '엄마 노릇이 처음이니 불안한 건 당연해. 하나부터 열까지 공부해서 정말 좋은 엄마가 될 거야.' 하는 다짐으로 말이죠.

비로소 저는 아이가 제 삶의 주인공임을 인정하고, 주인공이 반짝반짝 빛나는 삶을 살 수 있는 길을 선택하기로 했습니다.

엄마가 된다는 것은
내 삶을 아이와 나누는 것이 아니라,
내 목숨보다 귀한 존재를 품는 것입니다.

육아 앞에서 방황하다

저는 서툰 엄마였습니다. 이유식을 만드는 것도, 아이와 놀아주는 것도요. 그중 제일은 아이가 아플 때였습니다. 아프면서 면역력을 높여간다는 사실을 알면서도, 막상 눈앞에서 아이가 토하거나, 열이 펄펄 끓으면, 겁부터 났습니다. 그뿐만 아니라 제가 잘 돌보지 못해 아픈 것 같아 자꾸만 미안한 마음이 들어, 혹 밤사이 무슨 일이라도 날까 봐 뜬눈으로 지새운 날도 많았습니다.

특히 큰아이는 아프면 제 등에서 떨어지지 않으려고 했습니다.

그로 인해 아이를 업은 채, 벽에 기대어 쪽잠을 자야만 했고, 체력이 바닥이 난 적이 한두 번이 아니었습니다. 지금에 와서 생각해보면, 엄마라는 이유로 그 나날을 깡으로 버틴 듯합니다. 이전까지는 이래도 좋고, 저래도 좋은 낙천적인 막내의 삶을 살았다면, 난생처음 초인적인 힘을 보인 것이지요.

'아이가 크면 조금은 편해지려나?' 싶었지만, 큰 오산이었습니다. 아이가 뒤집기를 하는 순간 침대 프레임을 버리고, 매트리스에서 잠을 자야 했고, 걷게 되면서부터는 넘어져서 다치지는 않을까 노심초사하며, 아이의 뒤를 졸졸 따라다니는 등 새로운 환경에 적응하기 바빴으니까요.

그 가운데 아이를 더 잘 키워보겠다는 결심으로 다방면으로 최선을 다했습니다. 예를 들자면, 식단은 아이 건강과 입맛, 연령을 고려해 영양소 5군을 고루 섭취할 수 있도록 준비했고, 두뇌 발달을 위해 꾸준히 책을 읽어주며, 놀이를 연구했습니다. 그에 더해 아이가 말하기 전부터 남편과 함께 공감 대화법인 "~ 했구나!" 화법을 입에 익혔습니다.

이토록 치열하게 공부하고, 준비했음에도 저는 서툰 엄마를 벗어나지 못했고, 지금도 마찬가지입니다. 여전히 아이는 매일 조금씩 자라면서 어제와 다른 모습을 보여주어, 거기에 발맞춰야 하니까요.

아이가 한 명이든, 두 명이든, 혹은 그 이상이든, 엄마 노릇은 호락호락하지 않습니다. 매번 마주하는 상황이 처음이니까요. 그런데도 저는 둘째만큼은 잘 키울 자신이 있었습니다. 두 번의 유산을 하고, 5년 만에 둘째를 품에 안으면서도, 그 생각에는 변함이 없었습니다. 실제로 수유도 수월했고, 그동안 단련해온 육아 스킬이 빛나는 듯한 느낌도 받았습니다.

그러나 이것은 순전히 저만의 착각이었습니다. 새로운 난관에 맞닥뜨렸기 때문이죠. 다름 아니라 5살 터울이긴 했지만, 첫째는 여전히 어렸고, 둘째는 엄마가 모든 걸 해줘야 하는 갓난쟁이니, 두 아이 모두 충족시켜 주려면 몸이 둘이라도 모자랄 판이었습니다. 그제야 아이가 둘이면 두 배로 힘든 줄 알고 준비한 게 잘못됐음을 깨달았습니다. 마주한 현실이 '$1 \times 2 = 2$'가 아닌 '$2^2 = 4$'로 다가온 탓에.

그리고 저는 비로소 전래동화 〈선녀와 나무꾼〉에 숨은 비밀을 알아차렸습니다. 왜 사슴은 나무꾼에게 아이 셋을 낳기 전까지 선녀에게 날개옷을 주지 말라고 했을까요? 아이가 셋이면, 양손에 아이를 안고 하늘로 올라갈 수 없어서 선녀가 하늘을 포기하고 땅에 살았을 것이라는 게 일반적인 해석이라면, 저의 견해는 조금 다릅니다. 선녀가 아이를 낳는 순간 '1×3=3'이 아닌 '3^2', 즉 9배로 힘들어서 본인이 선녀였던 사실조차 잊었을 것이라는 게 제 생각입니다.

더군다나 둘째는 매사에 "저는 언니와 달라요."라고 외치는 듯했습니다. 그도 그럴 것이 큰아이에게 적용한 방식을 시도하면, 늘 오답이라는 반응을 보였으니까요. 그리하여 저는 심화 문제를 풀듯 기본 공식을 적용하되, 고민에 고민을 더한 응용 육아를 해야 했습니다. 경우에 따라서는 온전히 다른 방법을 찾기도 했고요.

아이는 한 명의 '인격체'

둘째를 키우며 깨달은 건 비록 작은 아이일지라도 인격을 가진 한 명의 사람이라는 점이었습니다. 부부가 다르듯 형제, 자매도 다른 존재입니다. 외모, 성격, 재능 등 많은 부분이 다르게 타고났음에도 수많은 부모는 같은 잣대로 가르치려고, 종종 비교도 합니다. "한 뱃속에서 태어났는데 넌 왜 그래?"라는 말로 상처를 주기도 하고요.

솔직히 고백하자면, 확연하게 다른 성향의 두 아이를 양육하는 건 여간 어려운 일이 아니었습니다. 특히 식성이 너무도 달라서 식사 준비는 물론 외식할 때마다 곤혹을 치렀습니다. 예를 들어, 첫째가 카레를 먹고 싶다고 하면, 둘째는 짜장을 먹고 싶다고 했습니다. "주는 대로 먹어!"라고 소리 지르고 싶었던 적이 한두 번이 아니었죠. 다행히 지금은 서로 조율할 만큼 많이 성장해 그런 일은 없지만, 자기 고집만 내세우는 어린 시절에는 난감하기만 했습니다.

이런 저의 힘든 마음은 사고의 전환으로 잠재울 수 있었습니다. 어느 날 문득, '우리 아이들은 유치원과 학교에 가면 교육도 급식 메뉴에 대한 선택권도 없구나.' 하는 생각이 들었거든요. 더 나아가 교육이든 식단이든 아이의 취향을 고려한 요소를 제공해 줄 수 있는 사람은 엄마가 유일함을 받아들이게 됐죠. 뒤이어 '우리 아이들에게 더 나은 교육 환경을 만들어준다면?', '더 재미있고 효율적으로 가르친다면?' 등과 같은 질문이 쏟아지면서, 그저 열심히만 키우려고 했던 저 자신을 반성했습니다. 왜냐하면 엄마인 내가 세심하게 관찰하고, 교육하지 않으면, 아이들 스스로 본인이 무엇을 좋아하고, 잘하는지도 모른 채 어른이 될 수도 있겠다는 생각이 들었기 때문입니다. 찰나였지만 정신이 번쩍 들었습니다.

그때부터 '어떻게 키워야 할지 모르겠어.'에서 '어떻게 키워야 할까?'로 관점이 바뀌었고, 절로 흥미가 생겼습니다. 그리고 육아법, 뇌과학, 교육학, 다중지능이론, 심리학, 자기 계발, 독서법, 자기주도학습법에 관한 책을 집중적으로 읽었습니다. 그에 더해 아이들 책을 함께 읽으며, 동화에 흠뻑 빠지기도 했습니다. 아이를 잘 키우기 위해 엄마인 내가 자기주도학습에 몰두하게 된 것이지요.

그런 가운데 제가 원하는 엄마와 아이가 함께 성장하는 법을 알려주는 강의는 눈을 씻고 찾아봐도 없었습니다. 아이들이 공부 잘하는 법을 가르쳐 주는 곳은 넘쳐났지만요. 이에 저는 '목마른 사람이 우물을 파라.'는 말처럼 우리 아이들을 잘 키우고 싶다는 갈증을 해소하기 위해 끊임없이 질문하고, 답을 찾으며, 공부에 매달렸습니다.

| 도기코치의 한마디 |

아이는 이 세상에서 유일한 존재입니다.
동일한 방법이 아닌 각자에게 맞는 스타일로 키워야
아이의 독창성이 빛을 발합니다.

비교하는 마음에 휘둘리다

저는 직장맘이었습니다. 그래서 일을 마치고 집에 돌아와도 다시 출근하는 기분이었습니다. 아마도 직장을 다니는 엄마들은 이 마음을 충분히 공감하리라 믿습니다. 물론 친정 부모님이 많은 부분을 도와주셨지만, 퇴근 후 집안일과 육아는 온전히 제 몫이었죠.

퇴근 후의 패턴은 이러했습니다. 저녁 식사를 마치면 설거지는 미뤄두고, 아이들과 함께 공부, 책 읽기, 놀이를 했습니다. 그러다 보면 금세 10시가 됐고, 그때부터 아이들을 재웠습니다. 성장과 건강 그리고 집중력 향상을 위해 1년 365일 같은 시간에 잠자리에 들도록 했죠. 당연히 쉬운 루틴은 아니었습니다. 아이들이 잠들 때까지 한바탕 전쟁을 치러야 했으니까요. 아이들이 잠든 것을 확인하고 거실로 나오면, 미처 하지 못한 집안일이 저를 기다리고 있었습니다. 당시에는 남편도 한창 바쁜 시기였기에 도움을 요청할 수도 없었습니다.

이렇게 엄마가 되어 해야 할 일이 많아진 것처럼 만나게 되는 사람도 점점 늘어났습니다. 결혼하면서 남편, 아이들, 양가 부모와 형제가 이미 내 세상에 들어와 있는데, 거기에 학부모까지 더해졌습니다. 친구와는 바쁘다는 핑계로 점점 멀어지고, 새로운 인간관계가 형성된 것이죠.

아이들이 친하다는 이유로 함께 모인 엄마들은 종종 티타임을 갖거나, 놀이터에서 아이들이 노는 동안 담소를 나누었습니다. 이때 대화 주제는 어떤 수업을 받는지, 키가 얼마나 큰지, 여행은 어디에 다녀왔는지, 책은 어떤 걸 구매하는지, 아이 방에 들여놓는 가구는 어떤 것인지 등 아이와 관련한 내용에서 크게 벗어나지 않았습니다.

재미있는 것은 서로의 이름이나 직업은 묻지 않았습니다. 딱히 중요하지 않았으니까요. 대신 아이들 이름으로 불렸습니다. 호칭의 편의를 위해 한번쯤 나이를 물어보기도 하지만, 엄마들 간의 서열이 정해지면 곧 기억에서 사라졌습니다.

나를 무너뜨린 비교의 마음

여러 엄마를 만나면서 전업주부가 부러워지기 시작했습니다. 심지어 회사 일에, 집안일에 지친 제 모습이 초라해 보이기도 했습니다. 아이들이 등교한 후 운동을 하고, 집을 예쁘게 꾸미다가, 아이들이 하교하면 맛있는 간식을 내어준 다음, 놀이터로 나가 아이들이 뛰어노는 모습을 지켜보는 그들이 누리는 시간적 여유가 내게도 있었으면 했습니다.

그에 더해 일하는 엄마로 인해 유치원 종일반을 해야만 하는 우리 아이들이 친구들과 함께하는 시간이 상대적으로 적어, '또래 사이에서 겉도는 게 아닐까?' 하는 걱정도 들었습니다. 이에 '나도 일 그만두고 육아만 할까?', '나도 다른 엄마들처럼 여유롭게 살고 싶어.'와 같은 마음이 올라왔고, 그럴 때마다 괜히 남편에게 짜증을 냈습니다.

그뿐만 아니었습니다. 남들과 비교하는 내 자신이 한심하고 외로워, 밤마다 울기도 하고, 일하기 싫다고 남편에게 투정도 부렸습니다. 그러나 결국 돌아오는 건 우울감뿐이었습니다. 현실을 무시할 수 없었기 때문이죠. 이유인즉, 남편이 취업하자마자 결혼을 한 저희는 경제적으로 여유롭지 못했습니다. 남편이 전문직이기는 했지만, 갚아야 하는 빚을 생각하면 일을 할 수밖에 없었으니까요. 게다가 저는 적당히 누리고 사는 것을 좋아했기에 허리띠를 졸라매며 알뜰살뜰하게 살아갈 자신이 없었습니다.

그러다 문득, 주기적으로 제 짜증을 받아내야 하는 남편을 생각하니 미안해졌습니다. 한 푼이라도 더 벌려고 밤낮으로 일하고, 공부하는 모습을 지켜보면서도 불평불만을 쏟아낸 저 자신이 부끄럽기도 했습니다. 생각이 여기까지 미치자 현실을 돌아보게 됐습니다. 그랬더니 남편과의 좋은 관계, 조금씩 늘어나는 살림살이에 대한 즐거움을 만끽하고 있는 제가 보였습니다. 그런데도 스스로 우울하고, 행복하지 않은 사람으로 만들고 있었습니다. 그 원인은 시선을 나와 가족이 아닌 타인에게 돌린 데 있었습니다.

특히 제 속에는 '왜 쟤는 행복해 보이는 거야?'라는 마음이 가득했습니다. 그것은 '시기', '질투'와는 다른 감정이었습니다. 바로 '비교하는 마음'이었습니다. 옛말에 "남의 떡이 더 커 보인다."고 했던가요? 내가 누리는 것은 하나도 보지 못한 채, 남의 것만 탐내고 있었던 것이죠.

자존감에 있어서는 누구에게도 뒤처지지 않을 만큼 높다고 자부했습니다. 가족의 사랑을 듬뿍 받는 막내딸이었고, 제가 무엇을 하든 믿어주는 부모님과 친구 그리고 스무 살부터 함께 한 사랑하는 남편이 있었습니다. 하지만 출산 이후 매사에 '이게 맞나?' 의심하며, 제3자와 비교하기 바빴습니다. 더 좋은 환경에서 아이를 키우고 싶었고, 더 완벽한 엄마가 되고 싶었기 때문입니다. 또 아이들이 소외감을 느끼지 않도록 모든 환경을 세팅해주고픈 욕심도 끊임없이 올라왔고요.

이를 자각한 저는 뭔가 잘못되어도 한참 잘못됐다는 판단에 제가 정말 원하는 것이 무엇인지 정확하게 판단하기 위해 그동안 다른 엄마들의 어떤 모습을 부러워했는지를 떠올려봤습니다.

일하지 않고 여유롭게 학부모들과 어울려 다니기
아이들 하원 후 놀이터에서 아이들 지켜보기
아이 친구들과 캠핑하러 다니기
집을 깔끔하게 유지하기
......

그런데 이 중 제가 원하는 건 하나도 없었습니다. 저는 일을 통해 성취감을 느끼는 중이었고, 신앙생활로 아이들이 교회 친구들과 어울려 노는 시간이 많았습니다. 또 교회 내에서 왕래하는 가정도 많았죠. 이렇게 점검해보니 '나 참 잘살고 있구나!' 싶었습니다. 동시에 비교하는 마음이 사라지면서 지금의 내 모습을 있는 그대로 인정하고, 받아들이게 됐습니다.

[토닥토닥 한마디]

나는 존재 자체로 귀한 사람입니다.
내 모습을 있는 그대로 인정하고, 받아들이면,
남과 비교하는 마음이 사라집니다.

엄마 역할에 스며들다

어린 시절 아빠의 무릎에 앉아서 듣던 대부분의 동화 결말은 "그 후로 그들은 결혼해서 행복하게 살았습니다."였습니다. 이 영향으로 저는 무의식적으로 결혼생활에 대한 로망이 생겼죠. 백마탄 왕자까지는 아니더라도 사랑하는 남자와 살면, 무조건 행복한 인생이 펼쳐질 거라고 말이죠.

그런 저는 지금의 남편을 스무 살에 만나 8년 뒤 가정을 이루었습니다. 고백하자면, 제가 먼저 호감을 느끼고 다가갔고, 만나는 동안에도 단 한번도 헤어지지 않고, 결혼에 골인했습니다. 이렇게 실연의 아픔 없이 평탄한 연애를 해온 탓이었던 걸까요? 사랑하는 남자의 아이를 갖는 순간부터 제 인생은 꼬이기 시작했습니다. 왜냐하면 결혼 직후 아이가 바로 생겨 감사했지만, 극심한 입덧으로 신혼을 즐길 여유는 없었고, 아이가 태어난 뒤에는 하루하루가 전쟁이었으니까요. 한마디로 제가 꿈꾸던 핑크빛 신혼은 온데간데 없었습니다.

저는 정체성도 모호해져 혼란스러웠습니다. 그토록 꾸미기를 좋아했던 저인데, 결혼 선물로 받은 커플 잠옷 중 남편용이 일상복이 됐고, 몰골도 나날이 초췌해져 갔습니다. 심지어 앞으로 어떻게 살아 나가야 할지 겁도 나고, '내가 꿈꾸던 결혼 생활은 이게 아닌데……. 결혼을 괜히 했나?' 하고 후회도 했습니다. 그로 인해 잘나갔던 과거가 사무치게 그리웠습니다.

한편, 혹여나 남편도 나와 같은 생각을 할까 봐 덜컥 걱정됐습니다. 남편의 처지에서 생각해 보니, 졸업 후 취업하자마자 결혼해 자신을 위해 써보지도 못 하고, 버는 족족 생활비로 들어가야 하니, 억울할 것 같기도 했으니까요. 그런 상황에서 아내는 입덧하느라 식사도 제대로 챙겨주지 못하고, 매일 힘들다는 말만 늘어놓으니, 아무런 재미가 없을 것 같기도 했습니다.

돌이켜보면 '육아가 힘들고 두려운 건 당연하다.'는 사실을 조금 더 일찍 깨달았다면 더 좋았을 것 같습니다. 그랬다면 아마도 육아 우울증으로 고통받는 시간을 줄일 수 있시 않았을까요?

그런데 제가 마주한 상황은 자연스러운 것이었습니다. 지금이야 육아 관련 프로그램이 수두룩하지만, 당시만 하더라도 참고할 것이라고는 주변 어른의 말씀이나, 책이 전부라 충분히 와 닿지 않았거든요. 더군다나 결혼생활도 동화를 보며 꿈을 부풀렸으니, 현실 감각이 떨어져도 너무 떨어졌습니다.

사정이 이러했던지라 저에게는 적응 기간이 필요했습니다. 눈앞에 벌어진 실상을 인지하고, 나를 힘들게 하는 요인을 찾아내어, 거기서 벗어나는 노력을 단계별로 실천하면서 극복해야 했으니까요. 또 그 과정에서 그동안 저 스스로 '육아냐? 내 인생이냐?'고 했던 질문도 잘못됐음을 알아차렸습니다. 누군가를 사랑하면 내 삶에 그 사람이 자리 잡는 건 너무나도 당연한데도, 둘 중 하나를 선택하려 했던 저는 어리석은 고민만 반복하고 있었던 것이죠.

이로써 '육아는 내가 사랑하는 아이들에게 시간을 내어주고, 함께하는 것'이라는 정의를 내릴 수 있었습니다. 그때부터 더는 아이들이 내 삶을 좀 먹는 존재로 다가오지 않았고, 단지 육아가 낯설고 힘들었을 뿐이었음을 자각했습니다. 이처럼 문제를 제대로 인식하고 나니, 마음이 한결 가벼워졌습니다.

우울한 감정의 원인이 육아가 아닌 낯선 환경에 적응하지 못하는 것임을 알고 나니, 문제 해결의 실마리가 보였습니다. 이에 저는 가장 먼저 저의 일상을 관찰하고, 기록했습니다. 그랬더니 저는 잠을 푹 자지 못한 채, 하루를 허겁지겁 살아가고 있었습니다. 또 아이와 함께 있으면서도 늘 딴생각을 했습니다.

게다가 집은 어수선하게 어질러져 있었고, 육아 스트레스를 쇼핑으로 풀었습니다. 아이가 잠들면 인터넷으로 책과 옷을 사들였고, 혼자 누리는 시간이 아까워서 늦게까지 잠을 자지 않고, 책을 보거나 강의를 들었습니다. 임신 막달까지 수영을 할 정도로 운동을 좋아하던 저였지만, 출산 후에는 틈만 나면 앉거나, 눕기 일쑤였습니다. 결혼 전에 입던 옷도 맞지 않지만, 언젠가는 살을 빼서 입고야 말겠다며 옷장 가득 채워 놓았고요.

말 그대로 저는 과거와 미래를 사느라 오늘을 살지 못하고 있었습니다. 그렇게 내 삶에 온전히 집중하지 못해 공허했음에도,

저는 그저 시간이 없어서 내 삶을 살지 못한다고 여겼던 것입니다. 남편 때문에, 아이들 때문에, 일 때문에 하면서요.

남 탓은 내 인생에 전혀 도움 되지 않음을 잘 알고 있던 저는 다시 현재에 집중하기로 했습니다. 가족들과 함께 하는 식사 시간, 아이의 부드러운 살을 만지며 목욕하는 시간, 아이를 품에 안고 책을 읽어주는 시간, 새근새근 잠자는 아이의 살 내음을 흠뻑 들이마시며 볼에 뽀뽀하는 시간 등. 그 결과 저는 위에서 언급한 '육아냐? 내 인생이냐?' 하는 갈등이 사라짐과 동시에 엄마의 삶에 서서히 스며들었습니다. 모든 게 때가 있듯, 지금은 육아에 올인할 시기라고 말하면서.

| 도키코치의 한마디 |

육아는 내가 사랑하는 아이들에게
시간을 내어주고, 함께하는 것입니다.

자녀경영가가 되기로 하다

마음을 바꿔 먹었다고 해서 모든 순간이 순탄했던 것은 아닙니다. 지금까지 아이들과 한번도 싸운 적 없다고 당당하게 말할 만큼 좋은 관계를 이어왔지만, 육아에 지쳐서 삶을 포기하고 싶었던 적이 있었습니다.

더욱이 엄마가 되면 아이를 사랑하는 마음과 아이를 키울 수 있는 지혜가 절로 생기는 줄 알았던지라, 매 순간 한계에 다다르는 듯했습니다. 또한 좋은 엄마가 되기 위해 최선을 다할수록 체력은 바닥을 치고, 저 자신도 사라지는 것만 같았죠. 사랑으로 시작한 결혼생활도 의무감만 남아있을 뿐, 그 어디에서도 행복감을 찾을 수 없었습니다.

그런 와중에도 저는 엄마만 찾는 예민한 아이를 위해 스스로를 육아 속으로 밀어 넣었습니다. 아니, 그럴 수밖에 없었습니다. 그렇게 저는 아이만을 바라보는 삶을 선택했습니다. 그런데 이게 웬걸. 결석성 신우신염으로 쓰러져 응급실로 실려 가기 전까지 저는 제 몸이 망가지는 줄도 모를 만큼 오로지 아이들에게 집중했습니다. 병원 신세를 지면서도 친정엄마와 지낼 아이 걱정만 할 정도였으니까요. 지금 생각하면 참 미련했다 싶어요.

이렇게 악착같이 버티던 어느 날, 갑자기 모든 걸 내려놓고 싶어졌습니다. 너무 힘들고 외로워서 아무것도 하고 싶지 않았어요. 베란다에서 아래를 내려다보는데, 그냥 뛰어내리고 싶은 충동이 올라왔습니다. 우리 집이 5층이 아니었다면 극단적인 선택을 했을지도 모릅니다. 잘못 뛰어내려서 불구가 되는 게 겁이 나서 문을 확 닫고 뒤돌아서서 하염없이 울기만 했으니까요.

한바탕 울고 나니 갑자기 학원에서 아이들을 가르치던 시절이 떠올랐습니다. 편의점에서 대충 끼니를 때우며 목적 없이 학원에 오가던, 부모의 관심과 칭찬에 목말라 있던 아이들의 모습을 보며, 내가 자식을 낳으면 절대로 공부의 노예로 키우지 않겠노라고, 부모의 부속품이 아닌 독립된 인격체로 키우자, 세상에서 빛이 되는 자녀로 키우자고 다짐했던 그 순간이.

그때의 기억을 떠올린 저는 무언가에 끌리듯 책장을 둘러보았습니다. 임신하면서부터 자녀 교육에 관한 책을 읽기 시작했는데, 원래 다독가였던 저는 한 달에 20권, 1년 동안 200권 넘게 읽었습니다. 아이를 업고 책 읽을 때 온전히 저에게 집중할 수 있어 가장 행복한 시간이기도 해 가능한 일이었던 듯합니다. 그렇게 지금까지 읽은 책이 2,000권이 넘는데, 당시에 책장에 꽂힌 책을 꺼내 읽으며 내린 결론은 "자녀는 나에게 주어진 기업이다."였습니다.

'그래, 자녀는 나에게 기업이구나. 그럼 나는 기업을 경영하는 CEO네.'라고 정의 내린 저는 저 자신에게 '자녀경영가'라는 명함을 쥐어주었습니다. 아이라는 기업을 세상의 빛이 되도록 일구어 나가는 것이 저의 사명이 된 것이지요. 성경에도 "자식은 여호와의 주신 기업이요 태의 열매는 그의 상급이로다(시편 127:3)."라는 구절이 있거든요. 이렇게 자녀경영가라는 옷을 입혀주니, 육아가 다르게 다가왔습니다. 힘들지 않았다기보다 힘듦이 당연하게 여겨졌어요. '기업을 운영하는데 당연히 힘들지!', '내가 잘못 운영하면 부도날 텐데…….', '공부하며 잘 키워야지!', '자녀 교육의 주도권을 절대 타인에게 빼앗기지 말아야지!', '이 기업이 스스로 자생할 때까지는 내가 책임을 다해야지!' 등과 같은 생각을 하면서 말이죠.

이로써 제 삶은 완전히 바뀌었습니다. 아이들과 함께 있는 시간이 전혀 아깝지 않았거든요. 현재 아이들과 평화로운 일상을 보낼 수 있는 것도 모두 자녀경영가의 마인드로 아이를 키운 덕분이라고 확신합니다.

매일 성장하는 엄마

제가 자녀경영가라고 소개하면, 대다수가 아이의 생활을 하나부터 열까지 챙기고, 교육 정보도 훤히 꿰고 있는 완벽한 엄마를 떠올립니다. 하지만 이는 완벽한 착각입니다. 왜냐하면 저는 엉성함에 가까운 엄마이니까요. 여기서 엉성하다는 것은 늘 변화의 여지를 갖고 있다는 의미입니다.

여기서 질문 하나 해보겠습니다. 지금처럼 빠르게 변하는 세상에서 내가 가진 생각이 늘 옳다고 말할 수 있을까요? 아닙니다. 그 어느 때보다 유연함이 필요하죠. 가령, 아이들과 대화하려면 아이들의 세상을 들여다볼 수 있어야 하고, 그들의 속도에도 맞출 수 있어야 합니다. 같은 부모 아래에서 태어난 형제일지라도 한 명 한 명이 가진 고유한 특성도 파악해야 하고요. 절대 부모의 뜻대로 이끌어서는 안 됩니다. 대신 나의 틀을 벗어나는 연습을 하면서, 아이 스스로 주어진 과제를 잘 헤쳐 나갈 수 있도록 격려해주면 됩니다. 단, 잘못된 방향으로 가고 있다면, 바로잡아 줘야겠지요. 이렇게 설명해 놓고 보니, 자녀경영가 엄마는 마치 항해하는 배 위의 선장의 역할과도 같은 듯합니다. 그런데 만일 '내가 지금 잘하고 있나?' 하는 의심이 든다면, 다음과 같은 질문을 해보세요. "나는 아이 스스로 할 수 있도록 기다려 주는 엄마인가? 기다리지 못하고 먼저 떠먹여 주는 엄마인가?"

사실 자녀경영가는 직업이 아닙니다. 그러하기에 사표를 던져버리고, 다른 곳으로 이직할 수 없습니다. 전문 경영인에게 맡길 수도 없지요. 그저 자식을 낳는 순간부터 아이와 함께 성장해 가야 하는 운명공동체입니다. 그렇다고 빼도 박도 못하게 됐다고 울상 짓지는 마세요. 아이를 잘 키우기만 해도, 눈부신 발전을 가져오니까요. 육아가 곧 최고의 자기 계발이 되는 것입니다. 아이 한 명은 우주와도 같아서 이런 아이를 제대로 키우려면, 그릇을 키워야 하니 꽤 설득력 있다고 믿습니다. 이는 완벽한 부모가 되라는 말이 아닙니다. 아이와 함께 성장하는 부모가 되자는 말이지요.

육아를 대하는 태도를 바꾸면 인생이 바뀝니다. 부디 아이들에게 "너 키우느라 내 인생 다 지나갔다."고 말하는 못난 엄마가 아닌, "너희와 함께하는 시간이 가장 값진 시간이었어."라고 할 수 있는 멋진 부모가 됐으면 합니다. 그게 제가 추구하는 자녀경영가의 참된 모습입니다.

| 도키코치의 한마디 |

자녀는 하나의 기업입니다.

아이가 두 명이면 두 개의 기업,

세 명이면 세 개의 기업을 경영하는 거예요.

육아가 스펙이 되다

코치가 된 18년 차 엄마

종종 집안일을 하며 육아하는 것을 억울해하는 엄마를 만날 때가 있습니다. 이유인즉 경력이 단절되고, 자기 계발을 하지 못한다고 생각하기 때문인데요. 그런데 관점만 살짝 바꾸면, 모든 게 공부 거리이고, 사업 아이템입니다. 특히 제가 앞서 이야기한 자녀경영가의 마인드를 장착해 경력이 쌓이면, 돈도 벌 수 있습니다. 제 경우만 하더라도, 18년의 경험으로 이렇게 책도 출간하고, 온라인 교육과 엄마 코칭으로 수익을 내고 있으니까요.

여기에 전공은 무관합니다. 결혼 전 학원에서 수학과 자기주도 학습법을 주로 가르쳤지만, 지금은 18년 동안 제가 해온 책 육아를 바탕으로, 도우며 함께 키운다는 의미의 '도키교육' 대표가 되어, 수많은 엄마에게 노하우를 공유하고 있으니까요. 물론 교육이라는 분야는 동일하지만, 전달하는 내용은 전혀 다릅니다.

말씀드렸듯 저는 아이를 직접 가르치지 않고, 엄마들을 코칭합니다. 공부법이든, 독서법이든, 엄마와 아이가 함께할 수 있는 방법을 알려주고, 실행까지 할 수 있도록 돕습니다. 왜냐하면 제가 사업을 시작한 동기에 육아가 최고의 자기 계발이라는 가치를 전달하고, 이것이 밑거름이 되어 엄마와 아이들이 행복한 시간을 함께 쌓아가길 바라는 마음이 가장 큰 부분을 차지했으니까요. 다시말해, 아이와 관련한 키(Key)는 부모가 쥐고 있다는 진리에서 출발합니다.

이러한 분위기에 익숙해진 아이들은 부모와 좋은 관계를 이어가는 것은 물론, 높은 자존감과 튼튼한 내면으로 자라 수많은 부모를 두렵게 하는 사춘기도 심하게 겪지 않습니다. 부모가 가르치려 하지 않고, 아이의 성장을 도우니 가능한 그림입니다.

"코치님, 아이랑 어쩜 그렇게 사이가 좋아요?"

강의가 끝나고, 사춘기에 접어든 딸을 둔 엄마가 한 질문입니다. 이에 저는 "책으로 아이와 시간을 쌓으세요. 그러다 보면 좋은 관계가 저절로 형성돼요. 하루 한 권부터 시작해 보세요."라고 답변했습니다. 그런데 뒤이어 "코치님이 쓴 책은 없어요?"라는 물음에 저는 그만 꿀 먹은 벙어리가 되고 말았습니다.

그제야 출간에 대해 생각해 보지 않았음을 인지했습니다. 수많은 육아 서적을 읽고, 독서와 자기 주도 학습법 강의를 하고 있는데도 말이죠. 그리고 '왜 진작 책 낼 생각을 못 했지? 육아가 최고의 스펙이자 경력인데……. 밤낮 구분 없이 최선을 다해온 현역 엄마의 삶을 써보면 어떨까?' 하는 마음이 생겼습니다. 한마디로 그 수강생과의 대화가 저를 작가의 세계로 이끌었다고 할 수 있죠. 이 자리를 빌려, 제게 새로운 꿈을 꾸게 해준 그녀에게 감사 인사를 전합니다.

고백하자면, 저는 글을 제대로 써본 적이 없었습니다. 뼛속까지 이과생인 데다가, 대부분의 재능이 입으로 쏠려서, 글보다는 말이 편한 사람이었습니다. 게다가 현대인이라면 필수라는 SNS도

하지 않았기에 공개적으로 글을 쓰는 건 무척 낯선 일이었지요. 그런 제가 책을 출간하겠다고 마음을 먹었으니, 막막하기만 했습니다. 그리하여 포기하려던 찰나, 운 좋게도 글감을 주고, 가볍게 글을 쓰도록 이끌어주는 온라인 모임을 만났습니다. 거기서는 부담은 덜어내고, 하고 싶은 이야기를 토해내듯이 쓰라고 누누이 강조했습니다. 덕분에 저는 의식의 흐름에 따라 머릿속에 떠오르는 문장을 마구 쏟아낼 수 있었고, 같이 글을 쓰는 회원들이 그 글을 읽고 응원 가득한 피드백을 보내줬습니다. 당연히 저는 글쓰기에 대한 자신감이 올라갔고, 글을 쓰는 행위가 즐겁기까지 했습니다. 그렇게 차츰차츰 글쓰기 근육을 키워낸 끝에 출간까지 하게 되니, 참으로 감개무량합니다.

출간하는 과정에 하나의 에피소드를 들려주자면, 저는 글을 더 잘 쓰고 싶어서 국내에서 책을 가장 많이 출간한 작가로 꼽히는 고정욱 작가를 찾아갔습니다. 그때 그는 제 글에 대해 "참 재미없는데, 문장력은 좋네요."라고 했습니다. 저는 그 말이 가능성이 있다는 소리로 들려, 18년 동안 책으로 아이들과 소통해 온 것이 헛되지 않았음을 확인했습니다. 즉, 제가 저자라는 타이틀을 얻게 된 것도 육아에 몰입했기에 이룰 수 있었던 성과라고 할 수 있습니다.

코로나 팬데믹 이후 새로운 유형의 세상이 열렸습니다. 온라인으로 소통하는 게 익숙해졌고, 강의 시장도 프로가 아마추어를 가르치기보다는 아마추어가 왕초보를 가르치는 형태가 늘어났습니다. 여러 플랫폼에서 본인의 강의를 판매할 수도 있고, 소규모 프로젝트를 진행할 수도 있죠.

저도 그 영향으로 온라인에 접속했고, 글을 쓸 수 있었습니다. 그렇게 온라인 강의를 듣고, 프로젝트에 참여하면서 느낀 건 '이런 것도 세일즈가 가능구나.'였습니다. 특별한 스펙이 없어도 수익화할 수 있는 것이 무척 많았어요. 각종 SNS 강의를 비롯해, 운동, 요리, 독서, 정리 정돈, 재테크, 시간 관리, 예쁜 글씨 쓰기 등 일일이 나열할 수 없을 만큼 다양한 아이템으로 돈을 벌고 있었습니다. 그저 평소에 좋아하고, 잘해왔던 일로요.

특히 주부 경력을 내세운 분이 많은데요. 집밥 만들기, 이유식 만들기, 집 정리, 생활비 아끼는 법, 엄마표 학습, 놀이 육아가 대표적인 예입니다. 더욱이 이런 콘텐츠는 인기도 많은 편입니다. '초록은 동색이다.'라는 속담처럼 엄마 마음은 엄마가 잘 아는 법이고, 미리 경험해 본 선배 엄마의 이야기는 전문가가 하는 말보다 더 신뢰가 가니까요.

이 같은 상황에서 미루어 짐작할 수 있듯, 육아 또는 살림살이를 하다 보면 없던 능력이 개발되기도 합니다. 제가 육아를 하면서 개발한 능력은 참을성, 부지런함, 동화 구연, 독서 코칭, 실행력, 관계력, 공감력 그리고 아무 데나 들이댈 수 있는 뻔뻔함입니다. 이는 코치 활동에도 유용하게 쓰이고 있고요.

그러니 잠시 멈추어 생각해 보세요. 많은 사람이 미처 생각하지 못한 요소에서 가치를 발견하고, 새롭게 해석한다면, 전에는 보지 못했던 미래가 보일 겁니다. 저에게 육아가 스펙이 된 것처럼.

| 도키코치의 한마디 |

육아는 삽질이 아닌 최고의 자기 계발 과정입니다.
그러니 지금까지 배운 내용을 육아에 적용해 보세요.

육아는
나를 살아가게 하는 힘이다

세상에서 가장 확실한 예언

세상에서 가장 확실한 예언은 무엇일까요? 그건 바로 내 인생의 끝이 있다는 것입니다. 태어난 날은 알지만, 끝날 날은 아무도 모릅니다. 오늘이 될지, 내일이 될지는 오직 창조주만이 알겠죠. 하지만 우리는 영원히 살 것처럼 인생을 살아갑니다. 저도 많은 사람의 죽음을 접했지만, 정작 저와는 거리가 먼 일이라고 여겼습니다. 같은 해에 친구 둘을 잃기 전까지는요.

제가 서른여섯 되던 해에 친구 둘이 세상을 떠났습니다. 한 명은 미혼이었고, 한 명은 아이가 둘인 엄마였어요. 미혼인 친구는 친구 어머니의 가슴에, 다른 친구는 아이들의 희미한 기억 속에 묻혔습니다.

아이 둘의 엄마였던 친구는 둘째를 낳고 허리 통증이 심해 병원에 갔는데, 암 말기 판정을 받았습니다. 당시 6개월밖에 되지 않은 젖먹이를 품에 안고, 6개월 시한부 판정을 받은 친구의 마음이 어땠을까요? 그런데 친구는 슬퍼할 겨를도 없이 아이들의 먹거리를 바꾸기 시작했습니다. 암도 유전된다며, 자기 몸을 챙기기보다 남겨질 아이들을 먼저 돌본 것입니다. 항암 치료를 받느라 정작 본인은 제대로 먹지도 못하면서, 직접 지은 밥을 아이들 입에 넣어주며 행복해하던 친구 모습을 떠올리면, 지금도 가슴이 먹먹합니다.

친구는 정말 악착같이 집밥을 해 먹였습니다. 어렸을 때 길러진 입맛은 평생 간다며, 병원에 있는 시간을 제외하고는 건강한 밥상을 차리고, 아이들에게 책을 읽어주며 하루를 보냈지요. 그 상황을 지켜본 저는 '엄마는 죽을 만큼 아파도 자식 걱정뿐이구나!' 싶었습니다. 그리고 둘째가 기저귀를 떼고 조잘조잘 얘기하는 걸 보고 싶어 한 간절함이 하늘에 닿은 것인지, 친구는 둘째가 네 살 되던 해에 우리 곁을 떠났습니다.

엄마가 되면 아플 여유도 없습니다. 엄마가 아프면 가족들의 일상이 무너지니까요. 하지만 엄마도 사람인지라 아플 때가 있습니다. 그런 날은 침대에 누워 꼼짝하기도 싫습니다. 그런데 아이들은 "엄마, 배고파.", "엄마, 심심해." 하며 사정을 봐주지 않죠. 그러면 하는 수없이 아픈 몸을 일으켜 세울 수밖에 없습니다.

그렇게 겨우 아이들 밥을 먹이고, 몸을 누이면, 오만가지 부정적인 생각이 올라옵니다. 나만 손해 보는 것 같아 서럽고, 〈결혼은 미친 짓이다〉 영화 제목이 떠오르기도 하고, 괜히 남편이 원망스럽기도 합니다. 속상함을 조금이라도 해소하기 위해 남편을 붙잡고 신세 한탄이라도 하고 싶지만, 희한하게 남편은 이런 날만 골라서 바쁩니다.

신기하게도 몸과 마음이 너덜너덜해져 기분이 한없이 가라앉으면, 먼저 간 친구가 생각납니다. 그때마다 저는 "너는 그곳에서 편하니?", "거기는 어떤 곳이니?", "그곳에 있는 넌 어떤 게 가장 아쉽니?"라며 마치 친구가 곁에 있는 것처럼 물어봅니다. 그러면 친구의 대답은 항상 같습니다. "아이들 곁에 더 머무르지 못한 게 가장 아쉬워." 그러고 보면 생을 마감해도 엄마라는 이름의 무게는 어마어마한 듯합니다.

밥을 한가득 입에 넣고 오물거리는 아이를 지켜보는 건 친구가 마지막까지 누리고 싶었던 가장 소중한 순간이었을 것입니다. 한편, 품에 안긴 아이의 말랑말랑한 살의 감촉, 까르르 웃는 웃음소리, 잠에서 깬 직후의 입 냄새, 뜻대로 되지 않아 양 볼을 부풀리며 떼쓰는 모습은 아이와 내가 살아있기에 누릴 수 있는 것입니다.

돌이켜보면 아이를 위해서 내가 살아가는 게 아니라, 아이들이 내게 살아갈 힘을 주고 있었습니다. 설명을 덧붙이자면, 아이들이 가지고 있는 안테나는 매우 민감해서 엄마의 기분을 금세 알아차립니다. 엄마의 생각이 좋은 방향으로 흐를 때는 엄마를 찾지 않지만, 그와 반대일 때는 엄마를 끊임없이 부르며 귀찮게 구는 것만 봐도 알 수 있죠,

저는 아이가 "엄마!"라고 부르면, 생각의 흐름이 끊어집니다. 그래서 무조건 아이 쪽으로 고개를 돌려 그저 아이의 얘기를 들어줍니다. 중간중간 추임새를 곁들이면서. 재미있게도 이렇게 조잘대는 아이에게 집중하고 나면, 걱정과 근심은 사그라지고, 눈앞의 일에 집중할 수 있게 됩니다.

6개월 시한부 판정을 받은 친구가 3년을 더 살 수 있었던 것도,

아이들이 친구에게 끊임없이 무언가를 요구했기에 가능하지 않았을까 싶습니다. 친구는 아이들의 요구에 시한부인 것도 잊고, 엄마의 역할에 최선을 다했을 테고요. 또 아름다운 추억을 남기기 위해 부단히 애를 썼을 겁니다.

여기서 제가 강조하고 싶은 부분은 "생각은 큰 힘을 가지고 있다."는 거예요. 어떤 대상이든 어떻게 받아들이느냐에 따라 그 감정이 달라지기 마련이니까요. 가령, 육아를 귀찮다고 여기면 한없이 귀찮지만, 내 손으로 자식을 키울 수 있음에 감사하면, 모든 게 고마움으로 바뀝니다.

그러하기에 저는 아이들과 함께할 수 있는 현재의 일상이 참 소중하고, 행복합니다. 부디 당신도 저와 같은 감정을 누렸으면 합니다. 아이들은 육아로 고통스럽게 하는 존재가 아닌, 나를 살아가게 하는 이유니까요.

| 도기코치의 한마디 |

세상에서 가장 확실한 예언은 내 인생의 끝이 있다는 것입니다.
부디 이 진리를 잊지 말고,
아이들과 함께할 수 있는 현재의 일상을 누리세요.

　구본형의 『그대 스스로를 고용하라』에는 자기 자신에게 명함을 만들어 주라는 내용이 나옵니다. 저는 이 부분을 보고 실제로 '자녀경영가'라는 네이밍으로 명함을 만들었습니다. 이 책을 선택한 당신도 저의 명함을 참고하여, 현재 하고 있는 일이 아닌 부모의 역할과 관련한 명함을 선물해 보세요. 아마 CEO의 마인드로 행복한 육아를 할 수 있는 전환점이 되어 줄 거예요.

2

내 아이
ONLY ONE으로
키우기

아이가 100명이면 100가지 육아법이 필요합니다. 이에 PART 2에서는 우리 아이에게 맞는 나만의 교육관과 교육 방법을 세울 수 있도록 안내합니다.

목적 있는 아이로 키우자

만약 당신이 한 기업의 대표라면, 시험 성적이 1등인 사람과 자신만의 고유한 능력을 갖춘 사람 중 어떤 인재를 채용할 것인가요? 저는 누구와도 대체될 수 없는 사람을 뽑고 싶습니다. 실제로 기업에서도 다양한 분야를 얕게 아는 사람보다 해당 분야의 전문가를 원합니다. 그러나 우리 교육 시장은 여전히 개인 강점 계발이 아닌, 전 과목 우수자로 키워서 대학 진학률을 높이는 데 열을 올리고 있습니다.

하지만 빠르게 변하는 현대 사회에서는 자기에 대한 이해를 반드시 해야 합니다. 혹 이를 간과하면, 주변 환경에 휩쓸리게 됩니다. 삶의 목적 없이 명문대 또는 1등을 목표로 달리는 아이가 위험한 것도 같은 이유입니다. 왜냐하면 원하는 목표를 달성하게 되는 순간, 더는 나아갈 곳이 없어 방황하게 되니까요.

1등을 하면 그 순간은 기쁘고, 대견할 수는 있지만, 아이가 가진 고유한 재능과 가치를 놓칠 수도 있습니다. 이는 모든 부모가 바라는 자신의 자녀가 누구보다 특별하고, 가치 있게 성장하는 것과는 거리가 멉니다. 그렇다면 우리는 시험 성적과 대학이 아닌 무엇에 집중해야 할까요? 바로 아이가 무엇을 좋아하는지, 어떤 것을 잘하는지, 앞으로 어떻게 살고 싶은지를 관찰하는 것입니다. 또 거기서 그치지 않고, 부모와 아이가 함께 고민하는 시간을 가져야 합니다. 그 과정에서 아이가 직접 자기 목표를 분명하게 정하고, 그 목표를 위한 계획을 세울 수 있도록 한다면, 제 갈 길을 당당하고, 행복하게 걸어갈 힘이 생깁니다.

물론 쉽지 않은 일입니다. 심지어 상담을 하다 보면, 아이 진로 고민으로 대화를 시작했지만, 부모도 삶의 목적이 분명하지 않아 갈팡질팡하는 경우를 자주 접하기도 합니다. 예를 들면 이런 식이죠.

"아이가 무엇을 잘하나요?"

"이것저것 좋아하는 것 같기는 한데, 잘하는 건지는 모르겠어요."

"아이가 언제 즐거워하나요?"

"글쎄요. 게임하고, 유튜브 보는 것 외에는 딱히……"

"아이가 어떤 직업을 갖기를 원하나요?"

"의사 같은 안정적인 일을 했으면 좋겠어요."

"아이가 감성적인가요? 이성적인가요?"

"감성적이에요."

"의사라는 직업에 어울리는 성격인 것 같나요?"

"그건 생각해 본 적이 없어요."

이럴 때 저는 '아이' 대신 '본인'으로 바꾸어서 질문을 합니다. 그러면 십중팔구는 명확하게 답을 하지 못합니다. 자신을 제대로 파악하지 못하고 있는 것이지요. 이런 상황이 벌어진 것은 부모들도 주입식 교육으로 인해 자기 자신을 들여다보기보다, 더 좋은 점수를 받는 데 급급했던 탓이 큽니다. 그로 인해 내 아이의 성향을 살펴볼 겨를도 없이 "공부, 공부" 하게 되는 것이지요.

초조라는 학부모, 혼란스러운 아이

사실 대한민국은 유치원 때부터 입시를 겨냥한 교육을 진행하는 것이 현실입니다. 대학을 정해두고, 해당 학교와 학과에 맞추어서 입시 포트폴리오를 구성하고, 좋은 선생님을 찾아 먼 거리도 마다하지 않고, 아이를 빈틈없이 관리하죠. 이렇게 무슨 수를 써서라도 아이에게 NO. 1의 삶을 살게 해주고자 하는 부모의 간절함은 부동산에도 영향을 미칩니다. 학군이 좋은 인근의 집값은 하늘 높은 줄 모르고 치솟으니까요.

반면, 결과 중심의 교육에 회의를 느끼는 학부모들은 놀이 육아나 대안 교육에 눈길을 돌립니다. 아이가 건강하고, 즐겁게 생활하기를 바라며, 이렇게 말하곤 합니다. "공부는 중요하지 않아. 건강하게 마음껏 뛰어놀렴." 그런데 이 마음이 끝까지 가면 다행이지만, 대부분은 아이가 중학생이 되는 시점부터 서서히 바뀝니다.

이유인즉, 중학교에 진학한 후 첫 중간고사를 치르고, 성적표에 적힌 숫자를 본 대다수의 부모가 본인의 교육 방식에 회의를 느끼거든요. 그때뿐만 아닙니다. 고등학교 첫 모의고사를 치른 뒤에도 깜짝 놀랄 일이 생깁니다. 아마도 아이 성적에 만족하는 학부모는 1등을 제외하고는 없을 겁니다. 상위권이라도 1등을 하지 못한다면 아쉬울 테니까요.

제가 상담 전화를 가장 많이 받는 시기도 4월입니다. 이때 각 학교에서 중간고사 성적표를 발부하거든요. 통화를 시작하면, 누구 하나 할 것 없이 성적에 대한 이야기를 늘어놓습니다. 저도 두 아이를 키우는 엄마이기에 학부모들의 마음이 너무나도 이해가 됩니다. 하지만 결과만 놓고 얘기하는 학부모에게는 성적 올리는 방법만 알려줄 수밖에 없습니다. 교육의 본질은 접어두고 말이죠.

그러면 머지않아, 아이의 극심한 저항에 두 손 두 발 드는 사태를 초래합니다. 남의 이야기인 줄만 알았던 사춘기 아이와의 전쟁이 내 눈앞에서 펼쳐지는 것입니다. 그런 모습을 볼 때마다 저는 교육에서도 본질을 간과해서는 안 된다는 점을 실감하며, 자녀경영가가 되기로 했을 때 가슴 깊이 새겼던 "우리 아이들을 NO. 1이 아닌, ONLY ONE으로 키우자."는 제 교육관을 더욱 견고히 합니다.

ONLY ONE의 아이로 키워야 하는 이유

한 가지 일을 특출나게 잘하는 사람을 보면 어떤가요? 어딘가 모르게 자신감이 넘치고, 남다르다는 말이 절로 나옵니다. 반짝반짝 빛도 나는 것 같고요. 이에 저는 우리 아이가 다재다능하기보다, 자기의 일을 사랑하고, 그 일을 잘하는 사람으로 자랐으면 합니다. 그러려면 앞서 말했던, 자기가 무엇을 좋아하고, 잘하는지를 알아내는 것이 선행되어야 하겠지요. 그리고 그 일을 능숙하게 할 수 있도록 시련을 견디고, 잘 단련한다면, 본인에게 가장 잘 어울리는 옷을 입음으로써 대체 불가능한 사람이 되리라 믿습니다.

여기에는 아이를 바라보는 부모의 안목이 뒷받침돼야 합니다. 다시 말해, 1등으로 키우고픈 마음을 덜어내고, 오롯이 아이를 바라보며, 아이만이 가진 고유한 재능을 발견해야 합니다. 이런 태도로 아이를 키우다 보면, 모든 사람이 가는 길이 아닌 틈새시장을 발견하고, 그 속에서 최고가 되는 법을 스스로 터득하게 됩니다. ONLY ONE 육아의 최대 수혜자는 결국 아이가 아닌 부모 본인이 되는 것이죠. 이렇게만 말하면, 추상적으로 느껴질 테니, ONLY ONE 육아의 장점을 조금 더 자세히 살펴보도록 하겠습니다.

첫째, 비교하는 마음이 사라집니다. 최고가 아닌 유일한 존재로 키우겠다고 마음먹는 순간, 다른 아이와 우리 아이를 비교하는 마음이 사라집니다. 우리 아이는 70억 인구 중 유일한 존재입니다. 비교 자체가 불가능한 것이지요. 토끼와 거북이 이야기를 떠올려 보세요. 이 둘은 각자 너무나도 다른 특징을 지니고 있기에 비교하는 마음조차 들지 않을 거예요. 우리 아이들 역시 겉모습만 비슷할 뿐 토끼와 거북이처럼 완전히 다른 존재입니다. 그러니 애초에 비교할 필요가 없는 것이죠.

둘째, 내 아이에게 온전히 집중할 수 있습니다. 남다른 아이로 키우기 위해서는 남과 같이 키워서는 안 됩니다. 마치 운동 코치가 자신이 지도하는 선수가 최고의 기량을 발휘할 수 있도록 선수를 관찰하고, 선수에게 맞는 교육 방법을 찾듯이, 부모도 내 아이에게 집중해야 합니다. 이런 관점으로 아이를 키우면, 남들이 어떤 교육을 하는지 알아보기 위해 여기저기 기웃거리던 시선이 오롯이 내 아이에게로 향하게 됩니다.

셋째, 타고난 재능을 발견하게 됩니다. 최고가 아닌 유일한 가치를 찾다 보면, 우리 아이가 선천적으로 타고난 재능이 눈에 들어옵니다. 국가대표 선수들을 보면, 대체로 타고난 재능 위에 노력이 더해져 있음을 알 수 있습니다. 다시 말해, 재능이 없다면 아무리 노력해도 뛰어난 경지까지 올라갈 수 없고, 재능에 맞는 공부를 할 때, 아이들은 행복하게 자신의 역량을 키워나갈 수 있습니다.

넷째, 불안감이 사라집니다. 어디서 무엇을 하든지 그 일자리에서 스스로 기량을 쌓으며, 재능을 계발할 수 있기에, 미래에 대한 불안감이 사라집니다. 저는 현재 엄마들을 대상으로 1:1 코칭을 하고 있습니다. 학원에서 아이들을 가르치던 방식을 버리고, 엄마가 직접 아이를 가르치는 방법을 알려주고 있어요. 각 사람에게 맞는 방법으로 가르치는 데 재능이 있음을 깨닫고, 새로운 직업을 만들었습니다. 저 자신을 스스로 고용한 것이지요. 덕분에 저는 미래에 대한 기대감으로 살아가고 있습니다. 우리 아이들에 대해서도 불안감보다는 기대감이 앞섭니다. 직접 기량을 쌓고, 재능을 계발한다면, 자신만의 일을 하며 살아갈 수 있다는 것을 체험하고 있는 덕분이죠.

다섯째, 차별화된 안목이 생깁니다. 아이가 가진 재능을 발견하고, 어떻게 활용할지 연구하다 보면, 세상을 바라보는 눈이 높아집니다. 즉, 과거와 나의 고정관념에 머물지 않고, 시대가 어떻게 바뀌어 가는지 직시함으로써, 아이에게 어울리는 미래를 준비할 수 있는 실력을 갖추게 되는 것이죠.

변화 경영 전문가 구본형 소장은 "자신의 타고난 재능을 발견하고, 계발한 사람만이 사회적 인정과 경제적 부를 가지게 될 것"이라고 말했습니다. 아이의 재능을 발견하고, 계발하기 위해서는, 부모 스스로가 본인의 재능을 발견하고, 계발하는 과정을 거쳐야 아이를 잘 이끌 수 있습니다. 반대로 아이의 재능을 발견하고, 계발하는 것을 연구하는 과정을 통해, 부모의 숨은 잠재력을 발견하고, 계발할 수도 있습니다. 물론 후자는 시간이 조금 더 걸리겠지만, 결과적으로는 아이를 키우는 과정을 통해 부모의 눈부신 성장이 보상으로 주어집니다.

| 도키코치의 한마디 |

내 아이를 ONLY ONE으로 키우고 싶다면,

부모 스스로가 본인의 재능을 발견하고,

계발하는 과정을 거쳐야 합니다.

육아에도 레시피가 있다

내비게이션이 되어주는 교육관

"당신에게는 교육관이 있나요?"

이렇게 물으면, 많은 분이 답을 못합니다. 자녀 교육에 대한 열의도 높고, 그와 관련해 시간적·금전적 투자를 아끼지 않으면서도 말이죠. 안타깝게도 교육관의 정의를 내리지 못한다면, 자녀교육의 방향을 잃기 쉽습니다.

그렇다고 걱정할 필요는 없습니다. 질문을 살짝 수정하면, 누구나 본인만의 교육관을 말할 수 있게 되니까요. "당신에게 공부란 무엇인가?"가 그것입니다. 혹 지금 이 순간 "공부는 인생을 배워가는 과정", "공부는 삶을 살아가는 역량을 키우는 것"과 같은 문장을 완성했다면, 그것이 당신의 교육관입니다. 제가 이렇게 질문을 바꾸면서까지 교육관을 정립하라고 강조하는 이유는, 교육관이 내비게이션 역할을 해주어서입니다. 만일 자녀 교육에 있어 스스로 흔들린다는 감정을 느낀다면, 그럴 때마다 교육관을 상기시켜주세요. 그만큼 교육은 방향이 중요합니다.

아이가 초등 고학년이 됐을 때, 직접 물어보는 것도 추천합니다. "공부가 뭘까?"라고요. 단, "공부를 왜 해야 할까?"라는 물음은 피해주세요. 여기서 중요한 건 공부를 어떻게 받아들이고 있느냐를 알아보기 위함이지, 공부를 해야 하는 이유를 찾아내 강요하고자 함이 아니니까요. 또 자기만의 언어로 공부에 대한 의의를 설명할 수 있게 되면, 공부할 이유도 자연스럽게 찾습니다. 간단한 질문으로도 매일 하는 공부에 의미를 부여하는 좋은 기회가 되는 것이죠. 이 단계를 거치지 않으면, 공부에 묻혀 목적 없는 삶을 살 수도 있고요.

때로는 Ctrl + Alt + Del

사공이 많으면 배가 산으로 가죠? 교육도 마찬가지입니다. 아이에게 맞는 학습법을 찾아주기 위해 많은 부모가 열과 성을 다해 정보를 수집하지만, 오히려 그 정보로 인해 혼란스럽게 되기도 합니다.

그럴 땐 과감하게 모든 정보를 끄세요. PC처럼 'Ctrl + Alt + Del' 키를 누르는 겁니다. 완전히 끄라는 게 아니에요. 잠시 멈췄다가 다시 켜기 전에 목적을 명확하게 정하고, 질문을 만드세요. 그것이 문제 해결의 실마리가 되어줄 겁니다. 혹 이 말이 어렵게 다가온다면 아래의 질문을 참고해 보세요.

"아이 스스로 공부하게 하기 위해서 길러야 할 습관과 학습 방법은 무엇일까?"
"성공적인 자기주도 학습을 위한 엄마의 역할은 무엇인가?"

이처럼 구체적으로 질문하면, 쓸모 있는 답을 얻을 수 있습니다. 강의를 듣고, 책을 읽은 후에도 무작정 시도하려고 하지 말고, 나의 교육관에 부합하는지, 내 아이에게 맞는 방법인지 점검하는 과정을 거치세요. 네, 묻고 또 물으라는 뜻입니다. 그래야 더 큰 효과를 누릴 수 있으니까요. 당연히 가치관과도 맞으니, 맞느냐 맞지 않느냐 왈가왈부할 염려도 없을 테지요.

교육은 산 넘어 산이라는 생각이 들 때가 많습니다. TV, SNS, 온라인 클래스 등에서 접하는 관련 정보도 흘러넘치고, 그걸 파악하는 데에도 많은 에너지가 소모되니까요. 이러한 현실 때문일까요? "TV에 출연하는 유명한 박사님이 말씀하시는 내용이 제 육아의 기준입니다."라고 말하는 사람도 있습니다. 심지어 그 소리를 듣고 격하게 공감하는 학부모도 있고요.

그런데 저는 그런 모습을 볼 때마다 염려스럽습니다. 이유인즉, 우리 모두 각기 다른 성향을 지니고 태어나듯, 육아도 아이마다 다르게 적용해야 하는데, 내 아이에 대해 아무것도 알지 못하는 제3자의 잣대를 따른다고 하기 때문입니다. 누가 뭐라고 해도 자기 아이는 본인이 가장 잘 아는 법인데도요.

이러한 이유로 저는 '나만의 육아 레시피'를 작성해 보라고 권합니다. 이는 앞서 언급한 교육관과도 같습니다. 특히 이것은 훈육 방식을 바로 세워줌으로써, 아이들을 혼란스러워하지 않게 하는 역할을 합니다. 가령, 휴대폰을 하루 1시간만 사용하기로 해놓고, 외식하거나 손님이 올 때는 통제하지 않는다면, 아이는 부모를 신뢰하지 않게 됩니다. 그러나 육아 레시피에 따라 예외를 두지 않으면, 그럴 우려는 없겠죠.

물론 한결같이 아이를 대한다는 건 여간 힘든 일이 아닙니다. 부모의 체력이 따라주지 않기도, 상황이 여의치 않기도 한 날이 있으니까요. 저는 그럴 때마다 육아 레시피에 따라 빠르게 판단합니다. 만약 안 된다고 했다면 무슨 일이 있어도 그 말을 지키고요. 아래는 저의 육아 레시피입니다.

〈도키코치의 육아 레시피〉

[훈육]

- 떼를 쓰면 절대 들어주지 않는다.

- 아이가 잠 오는 시간에 부리는 짜증은 받아준다.

- 가정 내의 질서를 지킨다.

예) 부모의 권위, 자매 서열 등

- 부모가 하면 안 된다고 정한 것을 어길 시 아주 엄하게 혼낸다.

- 미숙한 것은 혼내지 않는다.

예) 물을 쏟았다, 실수로 물건을 망가뜨렸다, 자신의 감정을 잘 표현하지 못한다, 공부하는 방법을 잘 모른다 등

[생활]

- 20시~22시는 가능한 아이와 함께한다.

- 중학생까지 취침 시간은 22시로 한다.

- 중학생까지 스마트폰은 21시 이후 거실에 둔다.

– 영상, 게임은 하루 한 시간으로 제한한다.

[관계]
– 아이가 하교할 때마다 활짝 웃으며 맞이한다.
예) 오늘도 무사히 돌아와 줘서 고마워.
– 아이가 부르면 하던 일을 멈추고 아이의 이야기에 귀 기울인다.
– 엄마가 할 일을 큰아이에게 미루지 않는다.
예) 동생 돌보기
– 아이 앞에서 부모가 언쟁하지 않는다.
– "사랑해.", "고마워.", "우리 소중한 딸"과 같은 표현을 하루 7번 이상 한다.

[학습]
– 숙제와 성경 암송은 거르지 않는다.
– 결과보다 과정을 칭찬한다.
– 주중에 못한 학습은 주말에 반드시 보충한다.

권장하건대 육아 레시피는 실천할 수 있는 내용을 중심으로, 부부가 합심하여 구체적으로 작성하길 바랍니다. 부모가 같은 기준으로 자녀를 양육해야 아이들이 부모를 따르는 법이니까요. 예를 들어, 엄마는 안 된다고 했는데, 아빠가 된다고 하면, 아이들은 누구의 말을 들어야 할지 몰라 혼란스럽고, 부모도 의견이 나뉘어서 감정이 안 좋아질 수 있습니다. 이렇게 적어놓고 보니 육아 레시피는 화목한 가정의 지표인 듯도 합니다.

| 도키코치의 한마디 |

교육관은 교육의 방향을 정해주고,

육아 레시피는 훈육 방식을 바로 세워줌으로써,

아이들을 혼란스러워하지 않게 하는 역할을 합니다.

무너진 교육의
유일한 대안은 부모다

"왜 아이가 스스로 공부하지 않는 걸까요?"

학부모에게 많이 받는 질문 중 하나입니다. 만일 이런 의문을 가진 부모라면, 아이 스스로 공부할 수 있는 환경을 만들어 주고 있는지부터 점검해야 합니다. 이 말에 마음속으로 '우리 때는 그런 거 없이도 잘했는데.'라고 생각한다면, 시간을 거슬러 그 시절로 돌아가 봅시다. 숙제를 하려는데 친구가 함께 놀자고 불러요. 그러면 그때 "숙제할 시간이어서 안 돼."라고 했나요? 십중팔구 친구의 부름에 뛰쳐나갔을 겁니다. 그래도 다행히 저녁 식사 후 불러낼 간 큰(?) 친구는 없어, 미처 마무리하지 못한 숙제를 한 뒤, 일찍 잠자리에 드는 동요 가사처럼 새 나라의 어린이가 될 수 있었습니다.

하지만 현재는 어떠한가요? 친구는 둘째 치고, 주변에 유혹하는 대상이 많아도 너무 많습니다. 가장 대표적인 것이 스마트폰이지요. 지금의 아이들은 태어나면서부터 스마트폰을 접하게 되는데, 아빠 엄마가 사용하는 모습을 통해서도 보지만, 동화 읽기, 동요 듣기 등 일상의 많은 부분을 함께합니다. 어디 그뿐인가요. 아이가 조금이라도 보채면, 바로 스마트폰을 열어 아이가 좋아하는 영상으로 달랩니다. 그로 인해 스마트폰을 들고 있는 아이들의 모습이 더는 낯설지 않게 됐죠. 오죽하면 '스마트폰 딸랑이'라는 신조어가 생겨났을까요. 그만큼 스마트폰은 우리 아이들의 가장 친한 친구가 되어 버렸습니다. 웹툰, 웹소설, 유튜브, 게임, SNS를 내놓으며, 시도 때도 없이 함께 놀자고 하니까요. 손안에 쏙 들어오는 네모 세상 속에 놀거리가 넘쳐나니, 밖을 나가지 않아도 하루를 거뜬히 보낼 수 있습니다.

자, 어떤가요? 우리가 자라온 시대와는 확연한 차이가 있다는 게 느껴지시나요? 사실 스마트폰의 중독성은 어른도 끊어내기가 힘듭니다. 그러니 아이들은 오죽할까요.

이렇듯 우리 아이들은 자극적인 시각 매체에 노출되어 있습니다. 최근에는 쇼츠, 릴스, 틱톡처럼 1분 이내의 짤막한 영상이 늘어나는 추세인데, 이와 같은 콘텐츠에 익숙해진 아이들의 공통점은 무엇일까요? 바로 텍스트를 읽는 데 어려움을 겪는다는 점입니다. 실제로 독서와 글쓰기에 관한 책을 낸 작가도 트렌드를 분석하기 위해 하루 1시간 이상 영상을 봤더니, 책이 안 읽히고, 글이 잘 안 써진다는 충격적인 고백을 했습니다.

제가 이런 말을 하면, 간혹 "우리 아이는 데이터가 적어서 밖에서는 스마트폰 사용이 제한적이에요."라고 하는 학부모들이 있는데요. 천만의 말씀입니다. 장소 구분 없이 아이들이 옹기종기 모여 있는 곳에 가보면, 예외 없이 스마트폰을 들여다보고 있습니다. 데이터를 무제한 요금제로 이용하는 아이가 모바일 핫스팟을 켜 잠시나마 친구들이 스마트폰을 자유롭게 쓸 수 있도록 해주는 것이죠. 이 같은 현실을 알려줘도 "우리가 그랬듯 철들면 알아서 공부하지 않을까요?"라며 태연하게 되묻는 학부모도 있습니다. 안타깝게도 그건 헛된 희망입니다.

특히 코로나19 이후 스스로 공부할 수 있는 아이가 확연히 줄어들고 있습니다. 부모가 공부 습관을 잘 길러준 아이는 실력을 잘 유지할 수 있었지만, 그렇지 않은 아이는 그나마 있던 공부 근력마저 무너져 버렸어요. 초등학교 저학년은 공부 습관을 잡을 기회조차 없었습니다. 모든 게 온라인 수업과 단축 수업으로 수업의 질이 떨어져 아이들의 학습량이 턱없이 부족해진 영향이죠.

게다가 가정에 머무는 시간이 많아지니, 자연스레 게임, 영상 등과 급격히 가까워졌습니다. 종일 가정을 돌보는 전업주부인 엄마도 아이와 함께할 수 있는 활동에 한계를 느껴, 통제의 끈이 느슨해졌습니다. 저 역시 밖에 나가서 뛰어놀지도 못하고, 친구도 못 만나는 둘째가 안쓰러워, 평소라면 어림도 없었을 유튜브 시청을 하루 1시간 허락했습니다. 이 습관은 정상적으로 등교하는 지금도 계속 이어지고 있고요.

유일한 대안은 부모 코칭

2022년 5월부터 대부분의 수업이 정상화됐습니다. 2년이 넘는 시간 동안 정상적인 수업을 받지 못한 아이들의 현 상태는 어떨까요? 초·중·고등학생 모두 너나 할 것 없이 기초학력이 급격히 떨어졌습니다. 그럼 사교육의 도움을 받으면 해결될까요? 아닙니다. 학원에서도 구멍이 심하게 난 아이는 손쓸 방법이 없다며 고개를 절레절레 흔듭니다.

기본적인 학습 태도가 잡히지 않은 아이는 사교육에 아무리 많은 돈을 쏟아부어도 소용이 없습니다. 학원에 잘 적응하지 못하는 건 기본이고, 결과가 좋지 않으니 학원을 이곳저곳 옮겨 다니거나, 과외의 힘도 빌리곤 합니다. 혹시 우리 아이가 이러한 상황이라면, 교과서 읽기, 독서와 같은 공부의 기초 습관을 자리 잡아 주는 것이 급선무입니다.

가장 좋은 방식은 부모가 아이를 1:1로 코칭하는 것입니다. 그전에 아이를 잘 지도할 수 있도록 배워야겠지요. 훌륭한 코치도 많지만, 제가 부모가 직접 관리하길 권하는 이유는 단 하나입니다. 부모만이 아이의 기질을 정확하게 파악해, 일상과 꿈에 이르기까지 삶 전반을 체크하고, 소통할 수 있어서입니다.

다시 말해, 무너진 교육의 대안은 부모가 유일합니다. 이 이야기에 한숨부터 나올 수도 있겠습니다. 맞벌이를 하거나, 엄마가 육아 우울증에 시달리고 있을 수도 있고, 다자녀일 경우에는 아이마다 성향이 다르니 일일이 맞출 생각에 부담스러울 수도 있으니까요. 이 외에도 각자 처한 사정이 있습니다. 그럼에도 불구하고 내 아이를 제일 잘 키울 수 있는 사람은 아빠 엄마입니다. 이 세상

누구도 아빠 엄마만큼 잘할 수는 없어요.

이제부터는 부모 가운데 엄마에게 초점을 맞추어 이야기해 볼까 합니다. 많은 사람이 엄마 코칭이 힘들다고 하는데, 그 이유는 무엇일까요? 처음엔 의욕 넘치게 시작했다고 하더라도 '내가 아이를 직접 가르치다가 아이랑 사이만 나빠지면 어떡하지?', '나 때문에 아이가 잘못되는 건 아닐까?', '과연 내가 잘할 수 있을까?'와 같은 부정적인 감정이 올라오곤 합니다. 그러나 여기에 오래 머무르게 되면 결국 "나는 할 수 없어."라며 포기하고 싶어집니다.

이는 육아를 방해하는 아주 강력한 한마디예요. 그리고 내가 할 수 없으니 나를 대신할 대상을 찾게 만듭니다. 학원, 학습지, 과외뿐만 아니라 나보다 똑똑해 보이는 사람의 얘기를 무분별하게 받아들이게 되지요. 물론 옆집 엄마, 인플루언서, 방송에 나오는 육아 전문가의 이야기에 귀를 기울이는 게 잘못된 것은 아닙니다. 좋은 정보를 듣고, 아이에게 적용할 수 있다면 그것 또한 좋은 방법입니다.

다만 '나는 할 수 없어.'라는 자세로 제3자의 의견을 무분별하게 따라갔다가는 결국 이도 저도 아닌 상태로 자포자기하게 되는 게 문제죠. 이러한 진실을 알고도 할 수 없다는 생각이 든다면, 그때마다 겁먹지 말고, 스스로에게 이렇게 말해보세요.

"Good Job!"
"넌 할 수 있어."

육아는 아이와 나를 위한 좋은 직업이며, 충분히 잘해낼 수 있습니다. 그러니 당당하게 자신을 먼저 인정하고, 격려해 주세요. 당신은 이미 최고의 엄마입니다. 내 아이를 잘 지키고 싶은 본능이 당신 안에서 꿈틀거리고 있으니까요. 그런 본인을 믿고 나아간다면, 방법은 반드시 찾을 수 있습니다.

내 아이의 기질을 정확하게 파악해
일상과 꿈에 이르기까지 삶 전반을 체크하고,
소통할 수 있는 사람은 엄마입니다.
그러니 본인을 믿고 나아가세요.

교육 열쇠를 놓으면
자녀가 부도난다

학부모 모임에서는 대부분 학원에 대한 정보를 나눠요. 각 학원 아이의 성적이 어땠는지, 선행 학습의 진도는 어디까지 나갔는지부터 지난해 입시 결과, 강사의 학벌 등 입을 떼는 순간부터 열기는 식을 줄을 모릅니다.

저 역시 학습 코칭을 할 때는 아이가 목표로 하는 학과와 학교를 물어봤습니다. 수많은 엄마가 그러하듯 본인의 자녀가 좋은 대학에 진학하길 바라는 간절함으로 제게 아이를 맡겼으니까요. 하지만 엄마 코칭을 하는 지금은 "어머니의 교육관은 무엇인가요?"라는 질문으로 바뀌었습니다. 그런데 아이러니하게도 여기에 대한 답을 한번에 듣지 못할 때가 참 많습니다. 교육열이 전 세계 1등이라고 해도 어색하지 않을 대한민국 엄마들인데 말이죠.

교육관(教育觀)의 사전적 의미는 '교육에 대한 체계적인 견해나 입장'을 뜻합니다. 즉, 제가 엄마에게 교육관을 묻는 이유는 아이를 교육하면서 기준으로 삼는 가치가 있는지를 파악하기 위함입니다. 만일 이것이 없다면 주변 환경에 휘둘리게 되니까요. 아니, 아이를 제대로 지켜낼 수 없다는 표현이 더 적절할 것 같네요.

앞에서도 언급했듯 교육관은 교육의 방향이자 열쇠입니다. 이 열쇠를 부모가 꼭 쥐고 있어야 하는데, 우리는 남에게 맡기려고만 합니다. 아이가 공부를 못하면 왜 못하는지 부모가 먼저 원인을 분석하고, 아이와 소통을 해야 하는데, 학원과 같은 사설 기관에서 찾으려고 하죠. 가령, "학원을 보내지 않아서.", "학원이 아이와 맞지 않아서.", "강사가 잘 가르치지 못해서." 등의 핑계를 대면서요.

이러한 형태가 비단 학습적인 부분에서만 해당하지는 않습니다. 아이의 문제 행동에 대한 원인도 밖에서 찾으려 해요. 부모님의 단골 멘트가 있습니다. "친구를 잘못 사귀어서 그래요." 혹 이러한 생각이 든다면, 상대방 친구의 부모님에게도 물어보세요. 아마 똑같은 반응을 할 겁니다. 당신 아이 때문에 우리 아이가 이렇게 되었다고요. 남 탓하며 책임을 회피하려고 하는 거죠.

아이를 남에게 맡기면 안 되는 이유

"우리 애는 제 말을 안 들어요. 선생님이 좀 따끔하게 얘기해 주세요."

이렇게 말하는 부모를 만나면 정말 안타까워요. 왜냐하면 부모가 통제하지 못하는 아이는 그 누구도 제한할 수 없으니까요. 부모 말도 안 듣는데 누구 말을 들을까요? 이는 엄격한 군대에 가더라도 마찬가지입니다. 그로 인해 지시를 따르지 않아 문제가 되는 상황도 생기지요. 가정에서 왕처럼 마음대로 행동했는데, 환경이 바뀌었다고 해서 태도가 바로 달라진다는 것도 이상하죠. 신기하게도 이런 현상 앞에서 부모들은 한없이 긍정적인 모습을 보입니다. "학교에 가면 분위기에 맞춰서 달라지지 않을까요?" 하면서요. 안타깝게도 이는 부모들의 바람일 뿐 반전은 일어나지 않습니다.

그래도 두고 봐야 하는 것 아니냐고, 너무 부정적인 시선이 아니냐고 반박하는 분들에게 물어보겠습니다. 코로나19 영향으로 가정 학습이 시작됐을 때 아이들 학습 태도가 어땠나요? 그때 그 자세 그대로 학교에 앉아있다고 보면 됩니다. 집에서 엎드려 있었다면 학교에서도 엎드려 있고, 집에서 조는 아이는 학교에서도 졸고 있습니다. 어디 그뿐인가요. 수업을 제대로 듣는 아이는 극히 드뭅니다. 옆 친구와 장난치기 바쁘니까요. 제 말이 믿기지 않는다면 아이에게 솔직하게 대답해달라고 부탁하고 직접 물어보세요.

시기마다 이유는 다를 수 있습니다. 초등 저학년 때는 오랜 시간 의자에 앉아 있기가 힘들어서, 고학년부터는 수업 내용을 이해하지 못하니 딴짓을 하게 됩니다. 실제로 6학년쯤 되면, 수업 시간에 집중하는 아이가 3~4명도 안 된다는 게 선생님들의 의견입니다. 학원이라고 다를까요? 학원에서도 엎드려 자거나 멍하게 있는 아이가 많습니다. 학원에 전기세 내러 다닌다는 말이 근거 없는 말이 아니에요.

지금까지 열거한 사항뿐만 아니라 아이와 관련한 그 어떤 문제라도 부모가 나서서 아이와 함께 해결해야 합니다. 전문가의 도움을 받을 수는 있지만, 부모가 외면하면 사회에서도 문제를 일으키고, 결혼 후에도 같은 문제로 갈등을 빚을 거예요. 결국 온전한 성인으로 독립하지 못한 자녀는 부모에게 의존하고, 그걸 나 몰라라 할 수 없으니 부모가 노년기에 접어들어서도 자녀를 떠맡게 되죠.

어른이 되어서도 부모에게 경제적으로 의존하고 있는 자녀가 얼마나 많은지 주변을 둘러보면, 이것이 결코 과장된 소리가 아니란 걸 알 수 있을 겁니다.

자녀를 부도내지 않는 방법

그러므로 교육의 열쇠는 반드시 부모가 쥐고 있어야 합니다. 교육이라고 표현했지만, 아이 양육 전반을 일컫습니다. 여러 번 말씀드렸듯 부모, 그중에서도 육아의 비중이 높은 엄마는 자녀경영가입니다. 그런데 내 아이를 자꾸만 다른 사람에게 맡기면 어떻게 될까요? 상상이 되지 않는다면 일반 기업을 떠올려 보세요. 경영자가 본인에게 주어진 역할을 수행하지 않고 제3자에게 경영권을 맡기면 어떻게 될까요? 그 기업은 머지않아 부도가 날 것입니다. 아이도 마찬가지예요.

그럼 어떻게 하면 교육의 열쇠를 잘 지켜낼 수 있을까요? 바로 우리 가정만의 교육 철학을 굳건히 세우고, 그와 일치한 방식을 선택해 이어 나가면 됩니다. 그래야 아이도 헷갈리지 않고요. 부모는 기준 없이 이랬다가 저랬다가 하면서 아이에게 제 멋대로 행동한다고 꾸짖는 것은 어불성설입니다.

물론 교육 철학을 정립하는 일이 쉬운 것은 아닙니다. 관심을 기울이고, 공부를 많이 해야 하니까요. 좋은 정보라고 해서 무작정 따라가서도 안 되고, 세심하게 점검하고, 나의 교육관에 맞는지 따져봐야 합니다. 세상의 흐름을 읽되 일관된 태도를 유지해야 하는 것이죠. 그렇다고 너무 어렵게 생각하지 않았으면 좋겠습니다. 단순하게 "우리 아이는 이런 성품과 태도를 가진 아이로 키우고 싶다."는 마음가짐에서 출발해 보세요. 그리고 차근차근 구체적인 질문을 하며, 해답을 찾아나가세요.

참고로 저희 부부의 교육 철학은 "유년기의 행복을 길게 해주고, 공감과 배려를 할 줄 아는 성실한 아이로 키우자."입니다. 설명을 덧붙이면, 전자는 남편이 제안한 것으로, 평생을 살면서 가장 행복한 시기라고 하는 유년기의 행복감을 충분히 누리게 해주자는 취지였습니다. 이에 저희 부부는 아이들이 만 10세가 될 때까지 모든 시간과 노력을 아이들에게 집중적으로 쏟았습니다. 덕분에 지금까지 우리 가족은 큰 갈등 없이 평화롭게 지내고 있어요. 자녀 교육에 뜻을 함께하고 있어서인지 부부 관계도 남들이 부러워할 만큼 좋습니다.

그 비결을 하나 더 공유한다면, 저희 부부는 각자 새롭게 알게 된 내용을 바탕으로 소통하며, 의견을 모읍니다. 학원 선택과 공부법은 제가 일임하고 있지만, 학원비의 규모나 가정에서의 생활 규칙은 남편의 의견을 많이 따르고 있습니다. 만일 자녀 교육에 지나치게 큰 비용과 에너지를 쏟고 있다면, 남편의 의견을 꼭 물어보기를 권합니다. 가정의 중심은 아빠·엄마 어느 한쪽도, 자녀도 아닌 부부라는 사실을 잊지 않는다면요.

| 도키코치의 한마디 |

부모가 자녀 교육의 열쇠를 타인에게 맡기면,

자녀는 머지않아 부도납니다.

부모가 통제하지 못하는 아이는 그 누구도 제한할 수 없으니까요.

잘못된 직업관이
아이의 성장을 멈춘다

평범한 회사원이 꿈인 아이들

"너는 어떤 일을 하며 살고 싶니?"

저는 아이들을 만나면 꼭 이렇게 물어봅니다. 그런데 "평범한 회사원이요."라고 답하는 아이들이 있어 처음엔 깜짝 놀랐습니다. 연예인, 유튜버, 프로게이머, 의사, 변호사 등 다양한 직업군을 기대했으니까요. 더 큰 충격은 이런 아이가 한둘이 아니라는 겁니다. 그래서 그렇게 답한 이유를 물어봤더니, 하나같이 "부모님이 그게 가장 안전하고 좋은 삶이래요."라는 게 아니겠어요. 이에 저는 "네가 진짜 하고 싶은 건 뭐야?"라는 질문을 던졌습니다. 그랬더니 우물쭈물하길래 "회사에 다니면서 취미로 하고 싶은 게 뭐니?"라고 다시 물어봤습니다. 그러자 아이들 표정이 갑자기 환해지면서 마음에 꼭꼭 담아둔 이야기를 꺼냈습니다.

"저는 미디어 음악을 하고 싶어요. 재능 있다는 평가를 받은 적도 있고요. 직장 다니면서 부수입으로 저작권료를 받게 되면 너무 좋겠어요."
"저는 그림을 그리고 싶은데 부모님이 돈은 많이 드는데, 벌이는 시원찮은 일이라며 하지 말라고 하셨어요. 그래서 평범한 회사 다니면서 그림 그리려고요."
"만화가 너무 좋아요. 그런데 만화를 그리겠다고 했다가 아빠한테 엄청 혼났어요. 부모님은 자꾸 평범하게 직장 다니라고 하세요. 그게 제일 안정적이래요."

이게 일시적으로 나타난 현상은 아닙니다. 아니, 어쩌면 시간이 흐를수록 더 늘어나고 있는지도 모르겠습니다. 이쯤 되니 저는 대한민국 부모들에게 묻고 싶습니다. "평범한 직장인이 무엇인지 아이에게 구체적으로 설명해 준 적이 있나요?", "직장이 헤아릴 수 없이 많은데, 어떤 직장에서 무슨 일을 하고 싶은지 아이와 얘기 나눈 적이 있나요?"라고요.

직설적으로 표현하자면, 수많은 부모가 자신의 프레임에 아이들을 가두고 있습니다. 세상은 빛의 속도로 변하고 있는데, 부모의 사고는 여전히 과거에 머물러 있는 것이죠. 현재 평범하게 직장을 다니는 부모라면, 그 생활이 절대 안전하지 않다는 것을 피부로 느끼고 있을 거예요. 제 주변에도 50대가 되어서 회사의 압박으로 명예퇴직하거나, 회사의 경영난이 심각해져서 회사를 그만둔 사람이 많습니다. 게다가 평범하다는 것은 언제든지 다른 사람으로 대체할 수 있다는 것을 뜻하기도 합니다. 그런데도 '평범한 직장인=안전하다'라는 공식을 아이들에게 주입하고 있으니 이보다 안타까운 일이 또 있을까요?

아이의 시선으로 세상 바라보기

아이들에게 부모가 생각하는 이상적인 직업을 제시하기 전에 아이가 무엇에 관심을 가지는지부터 파악해야 합니다. 그냥 보면 아무 생각이 없어 보일 수도 있으니, 탐색하듯 자세히 들여다봐야 해요. 어떤 아이든 좋아하거나 관심 있는 분야가 하나씩은 있습니다. 여기서부터 대화를 시작해 보세요. 부모가 가진 생각을 버리고, 아이의 시선에서 함께 들여다보세요. 이때 부모가 가진 프레임을 벗는 게 가장 중요합니다. 본인의 틀에 갇혀 있는 부모는 아이의 마음을 읽을 수 없기 때문입니다. 빠르게 변하는 세상을 따라갈 수도 없고요.

한번은 사진 찍는 기술을 배우기 위해 강의를 들은 적이 있습니다. 당시에 담당 강사는 사진을 잘 찍기 위해서는 카메라 렌즈부터 깨끗하게 닦고, 그 렌즈로 세상을 바라봐야 한다고 했습니다. 이때 저는 무릎을 탁 쳤어요. '사진 찍는 기술도 자녀와 소통하는 기술과 똑같구나!' 싶어서요.

다시 강조하지만, 아이의 세계를 잘 이해하기 위해서는 부모가 편견부터 버리고, 아이의 시선으로 내려와서 아이가 바라보는 세상을 볼 수 있어야 합니다. 그래야 진정한 소통이 이루어져요.

세상 어디에도 없는 안전한 직업

우리가 인정해야 할 사실이 있습니다. 세상에 안전한 직업은 없다는 점입니다. 이를 받아들이게 되면, 아이와 새로운 관점에서 이야기를 나눌 수 있습니다. 앞으로 어떤 직업이 사라질지, 미래에는 어떤 직업이 촉망받을지, 그 가운데 아이가 하고 싶은 일은 무엇인지, 그 일을 하려면 지금부터 무엇을 준비해야 하는지 등 대화거리가 무궁무진해지죠.

이렇게 부모가 자신에게 관심을 두고, 미래에 대한 구체적인 대안을 함께 고민하는 모습을 보면, 아이는 부모를 신뢰하고, 사소한 문제라도 부모와 상의하려 할 것입니다. 그리고 자녀에게 인정받는 부모는 자녀에게 더 좋은 환경을 제공하기 위해 열정적으로 공부하게 되고요.

저 또한 아이들에게 선한 영향력을 미치기 위해 하루하루 노력을 기울입니다. 기계치인 제가 다양한 툴을 배워 온라인 교육 사업을 운영하고, 매일 책을 읽으며 저에게 필요한 지식을 습득해 적용 중입니다. '아는 만큼 보인다.'라는 말이 있듯, 부모가 어떤 프레임으로 세상을 보느냐에 따라 자녀에게 보여줄 수 있는 세상이 달라진다는 진리를 잘 알고 있어서 선택한 저만의 방식이지요.

물론 힘들고 지칠 때도 있습니다. 그럴 땐 "더는 안전한 직업은 없다. 안전한 생활에 머무르려 하는 것이 가장 위험한 것이다."라는 문장을 되뇌며, 스스로 동기 부여합니다.

부모가 어떤 프레임으로 세상을 보느냐에 따라
자녀에게 보여줄 수 있는 세상이 달라집니다.

아이의 속도에 맞춰야 남달라진다

비교하는 마음 버리기

세상에서 가장 무서운 동기는 누구일까요? 전 주저 없이 '조리원 동기'를 뽑습니다. 이유인즉, 비슷한 시기에 출산한 엄마들은 하나부터 열까지 아이를 비교하거든요. 아래처럼요.

"쟤는 배밀이를 시작하네."
"어머, 벌써 기어다니는 거야?"
"우리 애만 말이 느린 거 아니야?"
"다른 애들 키는 벌써 저만큼 컸는데…….'"
"다들 교구 수업을 시킨다는 데 우리 애도 해야 하나?"

이로 인해 조리원 동기 모임만 다녀오면 마음이 뒤숭숭한 걸 넘어서, 남편에게도 잔소리를 늘어놓게 되니, 집 전체가 시끄럽습니다. 친환경 가구, 유명 출판사 전집들, 때깔 좋은 교구를 진열해 둔 아이 방, SNS에서 많이 보던 장난감 등을 보고 오면 아이뿐 아니라 남편도 비교되어 속이 쓰리니까요.

이런 모습을 볼 때마다 아무래도 여자는 아이를 낳으면 또 하나의 인격이 생기는 것 같습니다. 내 아이를 남부럽지 않게 잘 키우고 싶어 하는 욕심 많은 인격 말이에요. 여기서 포인트는 '잘 키우고 싶다'가 아니라 '남부럽지 않게'입니다. 그런데 말입니다. 남부럽지 않게 키우고 싶다는 건, 남과 비교하는 마음에서 비롯됩니다.

저 역시 아이가 어렸을 때, 나도 모르게 비교하는 마음이 있었던 것 같아요. 당시에는 남의 집에 가는 이유가 첫째, 성인 여성과 얘기하고 싶어서, 둘째, 아이의 사회성을 키워주기 위해서라고 했지만, 시간이 지나고 보니 아니었더라고요. 사연은 이랬습니다.

우리 아이는 남의 집에만 가면 울었습니다. 낯설어서 울고, 친구와 같이 놀다가 친구가 장난감을 주지 않아서 울었죠. 우리 집에 친구가 놀러 와도 울었습니다. 발단은 늘 장난감이었고요. "내 거야, 내 거!" 하면서. 어린 아이들은 소유 개념이 명확하지 않아 모든 걸 자기 것처럼 여기는 게 당연한데, 엄마는 갈등을 해소해 보겠다고 아이에게 사이좋게 지내야 한다고 가르치니 아이는 더 괴로웠을 겁니다.

그래서 하는 수없이 여러모로 속 시끄러운 이웃집 나들이를 끊었습니다. 그런데 신기하게도 마음이 그렇게 편할 수 없더라고요. 아이의 컨디션에 맞추어 느긋하게 생활할 수 있었고, 오로지 내 아이만 바라보니 비교하는 마음도 줄었어요. 그제야 같은 연령대의 아이를 키우다 보면 자꾸 비교하는 마음이 생긴다는 걸 알아차렸죠. 정도가 심하냐 심하지 않으냐의 차이일 뿐.

이 같은 정서는 죽을 때까지 계속되는 것 같기도 합니다. 어르신들의 대화에 누가 뭘 해줬다더라, 그 집 아들이 무슨 일을 한다더라, 결혼했다더라, 용돈을 얼마씩 준다더라, 집은 어디에 산다더라 등 뉘 집 자식 얘기가 대부분인 걸 보면.

학부모끼리 친구 맺기

아이를 비교하는 마음이 가장 심해지는 시기는 언제일까요? 아마도 아이가 학교생활을 시작하면서부터가 아닐까 합니다. 학부모가 되면 자동으로 모든 사고가 내 아이의 학업 중심으로 세팅되기라도 하듯 일상의 관심사가 온통 아이의 학업에 맞춰집니다. 가령, 내 아이가 부족해 보이거나, 불리한 위치에 놓이면, 초조해지기까지 하니까요.

어디 그뿐일까요. 새 학기가 시작되면 세상 그 누구보다 학부모의 마음은 분주합니다. 특히 갓 입학한 초등학교 1학년 엄마들은 학부모 총회 이후 007 작전을 방불케 하는 눈치 싸움을 벌입니다. 아마도 이때 맺어진 학부모 관계가 아이에게도 영향을 준다고 믿고 있는 듯합니다.

하지만 저는 학부모와 친해지기 전에 서로의 관계부터 분명하게 하라고 권하고 싶습니다. 학부모는 아이 친구의 부모입니다. 내 친구가 아니란 말이죠. 그런데 한때는 친했다가 급격하게 사이가 벌어지기도 하는 건 왜일까요? 어제의 아군이 오늘의 적군이라도 된 듯이. 원인은 학부모 사이에 아이들의 관계가 개입되어 있기 때문입니다.

그럼 다른 학부모와 오랫동안 좋은 관계를 유지하려면 어떻게 해야 할까요? 화두를 아이들이 아닌 학부모 자신에게 맞추면 됩니다. 인간 대 인간으로 서로의 얘기를 하는 것이죠. 아이의 성별이 다를수록 친구가 될 확률이 높습니다. 비교하는 마음이 동성보다는 상대적으로 적을 테니까요. 그리고 둘 사이에 나눴던 내용은 무조건 침묵하세요. 학부모 세계는 입소문이 빛의 속도로 퍼지는 곳이거든요.

제게도 초등학교 입학식에서 만나 10년째 만나고 있는 학부모가 있는데요. 우리는 같은 나이의 딸을 키우고 있지만, 딸보다 자기 자신을 키우는 얘기를 더 많이 합니다. 함께 책을 읽고, 서로의 삶을 공유합니다. 또 지금은 각자 독서 모임을 운영하고, 라이프 코치의 길을 함께 걸어가고 있어요. 상대의 다름을 인정하며, 무한 응원 중이죠. 그 덕분에 아이를 비교하면서 상처받지 않습니다. 이런 엄마들의 태도를 보고 자란 아이들도 있는 그대로의 모습을 이해하며, 끈끈한 우정을 이어가고 있고요.

슬기로운 학부모 생활

한편, 저는 학부모 모임을 다녀오고 나면 탈진할 것처럼 피곤하기만 했습니다. 이유가 뭘까 곰곰이 생각하다가, 너무도 당연한 데서 답을 찾았습니다. 그동안 저는 내 관심사가 아닌데도 경청하며 듣고 있었더라고요. 솔직히 고백하자면 저는 선생님이 아이들에게 어떤 행동을 했고, 누가 반장이 됐으며, 어떤 아이가 문제를 일으키는지에 대해 도통 관심이 없습니다. 이런 저와는 반대로 대부분의 학부모는 임원 결과, 학원 정보, 선생님의 태도, 특이 행동을 보이는 학생 그리고 그 밖의 소소한 소재를 들고 와 꼬리에 꼬리를 묶며 이야기꽃을 피웁니다.

그렇다고 소통을 하지 않고 지낼 수는 없으니 총회, 공개수업, 학예회처럼 1년에 2~3번 진행하는 전체 모임에는 얼굴을 비쳐요. 또 그때는 특별한 일정이 없다면 식사 자리까지 동행하는 편입니다. 사람을 좋아하고, 사교적인 천성이 발동하는 것이죠. 그런데도 밀려오는 긴장감은 어찌할 수 없더라고요. 웃고 있지만 웃고 있는 게 아닌 딱 그런 상태가 되고 맙니다. 이러한 감정이 괜히 생기는 것이 아닙니다. 왜냐하면 그 자리에서 어떻게 비치느냐에 따라 두고두고 회자되니까요. 그래서 저는 튀지는 않지만 예의를 차린 의상을 선택하고, 적당한 미소를 지으며, 눈에 띄는 행동은 최대한 피합니다.

물론 학부모 모임의 좋은 점도 있습니다. 저도 여기서 친구를 만드니까요. 단, 아이가 학교에서 무엇을 할 때 가슴 설레고, 어떤 반찬이 나올 때 행복해하는지에 관심을 두는 학부모를 찾습니다. 저와 비슷한 결을 가진 대상을 찾는 저만의 비법이에요. 더불어 우리 아이가 친하게 지내는 친구의 부모와 대화를 나눕니다. 아이 친구의 부모를 만날 기회는 흔치 않으니까요. 재미있게도 이 같은 기준을 세워 학부모와 교류하면서부터는 에너지 소모가 월등히 줄어들었습니다.

저처럼 학부모 관계에서 스트레스와 상처를 받고 싶지 않다면, 반드시 피해야 할 7가지 유형의 학부모가 있습니다. 이는 24년 차 사교육 강사, 18년 차 현역 엄마의 경험이 깃든 찐 조언이니, 참고하면 좋겠습니다.

첫째, 내 아이가 항상 돋보이기를 원하는 학부모입니다. 이런 타입은 무조건 피하세요. 처음에는 나를 잘 챙겨주어 좋은 사람처럼 보일 수 있습니다. 더욱이 거짓을 사실처럼 포장하기도 하고, 연기도 수준급이어서 쉽게 정체가 드러나지 않습니다. 그러나 누군가가 자기 아이보다 뛰어난 게 하나라도 보이면 그 아이에 대해 온갖 험담을 하며, 깎아내리려고 합니다. 소시오패스처럼 이중적인 모습을 보이는 것이죠. 지금 떠오르는 사람이 있나요? 만약 그 사람이 나에게 친절하다면 내 아이가 별 볼 일 없다고 판단했기 때문입니다. 자신의 아이를 빛내줄 아이라서 잘해주는 거지요. 그러니 더는 거짓 친절에 속지 마세요.

둘째, 부정적인 학부모입니다. 사사건건 "우리 애는 이게 문제예요.", "이번 담임 선생님은 왜 그래요?"라며 불평, 불만을 늘어놓는다면 어떨까요? 생각만 해도 온몸에 힘이 쭉 빠지는 듯한데, 실제로 만나면 더하면 더했지 덜 하지는 않을 것입니다. 게다가 우리 가정의 경제와 분위기도 흐려놓을 가능성이 높습니다. 심신의 체력이 떨어지니, 식사 준비를 할 힘이 없어 배달 음식을 자주 시켜 먹게 되고, 남편과 아이들에게도 부정적인 이야기를 하게 될 테니까요.

셋째, 자기 관리가 안 되는 학부모입니다. 자기 관리도 못하는데 자녀 관리라고 잘할 수 있을까요? 무질서한 환경 속에서 살아가는 아이들은 자기 관리력과 절제력이 부족합니다. 이런 사람과 오랫동안 함께하면 나의 생활 리듬도 무너집니다.

넷째, 자신의 꿈과 아이의 꿈을 동일시하는 학부모입니다. 자녀에게 집착하는 대표적인 케이스죠. 항상 "우리 애를 위해서"라고 하지만, 자기가 이루지 못한 바를 자식을 통해 대리 만족하고자 하는 경향이 크죠. 그로 인해 본인의 삶이 없어서 끊임없이 아이 얘기만 하고, 아이들 사이에 문제가 생기면 냉정하게 돌아섭니다.

다섯째, 시선이 타인에게 고정되어 있는 학부모입니다. 시도 때도 없이 SNS를 확인하거나, 남의 일에 관심이 많은 사람은 나와 내 아이를 관찰하고 있을 가능성이 큽니다. 시기, 질투가 심할 수 있으니 각별히 주의하세요.

여섯째, 교육에는 관심이 많으나 뚜렷한 교육관이 없는 학부모입니다. 겉으로 봤을 때 교육 관련 정보를 꿰차고 있는 듯해도, 성적이 우수한 아이가 다니는 학원을 따라다니기 바쁩니다. 아이를 위해 발품 파는 것도 마다하지 않는 열정을 보이지만, 정작 뚜렷한 교육관이 없어서 늘 불안해합니다. 이런 학부모와 친하게 지내면, 학원 유목민이 되어 내 아이만 고생시킵니다.

일곱째, 저녁 모임을 즐기는 학부모입니다. 저녁 모임이 잦아지면 꼭 사고가 생깁니다. 부부 동반으로 진행할 때도 많고, 술자리로 이어져 밤늦게까지 집에 들어가지 못하는 상황이 생기기도 합니다. 그러면 그 시간에 우리 아이들은 뭘 하고 있을까요? 스마트폰이라는 강력한 장난감이 생긴 지금, 아이를 혼자 두는 것은 가장 위험한 행동입니다.

혹시 당신의 마음을 불편하게 하는 학부모 모임이 있나요? 그렇다면 참석하지 않아도 됩니다. 불편한 모임에 참석하고, 마음앓이 하느라 내 아이를 잘 돌보지 못한다면, 과감하게 모임을 끊으세요. 불편한 관계 속에서 스트레스받지 말고, 아이에게 한번 더 웃어주는 부모가 되도록 해요.

| 도키코치의 한마디 |

학부모 모임의 주인공은

엄마가 아닌 우리 아이입니다.

남을 향한 시선을 거두고,

오롯이 내 아이를 바라보세요.

자녀 농사도 물 들어올 때가 있다

삶의 우선순위가 자녀인 사람도, 부모 본인인 사람도 있습니다. 기준이야 어떻든 우리는 '잘사는 것'에 관심이 많습니다. 잘살기 위해 자기 계발을 열심히 하고 있지요. 시간을 쪼개서 강의를 듣고, 새벽에 일어나 책을 읽고, 여러 개의 부업을 동시에 운영하기도 합니다. 그런 그들을 보면 존경스럽기도 하지만, 가슴이 철렁 내려앉기도 합니다. 아이와 함께하는 시간이 너무 적어서요. 아니, 아이가 뒷전일 때도 있어 안타까울 때가 많습니다.

실제로도 제게 상담을 의뢰하는 학부모와 대화를 나누다 보면 "코치님, 지금은 제가 하는 일에 많은 에너지를 쏟아야 할 때예요. 물 들어올 때 노 저으라는 말이 있잖아요. 한참 몰입해야 다음 단계로 올라갈 수 있는데, 집에 오면 아이들 신경 쓰느라 제 일을 할 수가 없어요."라고 히소연하는 분이 많습니다. 또 "아이들이 하교 후에 할 일을 스스로 하지 않으면 화가 나요. 오늘도 아이가 자꾸 도와달라고 해서 제 일에 집중할 수가 없었어요. 책 읽고, SNS에 글도 써야 하는데 말이죠. 언제까지 아이한테 매여서 살아야 하는지 모르겠어요."라고 하기도 하고요.

물 들어오는 시기에 열심히 노를 저어야 성과가 있는 건 백 번 천 번 맞는 말입니다. 기회가 왔을 때 잡아야 하니까요. 또 그걸 잡는 사람만이 성공합니다. 그런데 자녀 농사에도 물 들어오는 타이밍이 있습니다. 돈 벌기, 진급하기, 자기 계발 모두 중요하지만, 이것들보다 자녀 농사를 잘 지을 수 있는 기간이 훨씬 짧아요. 게다가 자녀 농사는 적기를 놓치면 돌이킬 수가 없습니다. 아이들은 부모를 계속 기다려 주지 않거든요.

10살 전에 결정되는 아이들의 관계 지능

관계 지능이란 다른 사람들과 교류하고 그들의 행동을 이해하며 해석하는 능력인데 관계 지능이 높은 아이는 얼굴 표정, 음성, 몸짓 등을 통해 다양한 종류의 대인관계에 관한 암시를 구분하는 능력이 뛰어나다. 인간관계는 성공과 행복의 초석이다. 그러므로 바람직한 인간관계를 형성하게 하는 관계 지능은 매우 중요하다.

관계 지능이 높아야 사람을 자기편으로 끌어들일 수 있고 인정받을 수 있으며 사람들의 적극적인 도움을 이끌어낼 수 있다. 이 같은 능력이 뛰어난 사람들로는 정치지도자, 기업가, 사상가, 교사 등을 들 수 있다.

이는 미국 부모들이 뽑은 가장 훌륭한 자녀교육서 머나 B. 슈어가 쓴 『아이의 관계 지능은 10살 전에 결정된다』의 일부입니다. 저는 남편의 추천으로 이 책을 접했습니다. 무뚝뚝하고 바쁜 부모님 밑에서 자란 남편은 낯가림이 심하고, 혼자서 연구하는 것을 좋아하는 내향인이에요. 그래서인지 평소 '심리'와 '관계'에 관한 책을 읽고, 자녀 교육에 적용하면 좋겠다는 생각이 들면 저에게 권하곤 했는데, 저는 이 책을 읽고 적잖은 충격을 받았습니다. 이유인즉, 관계력은 외향적 성격처럼 타고난 것이라 여겼는데, 어린 시절 부모와의 관계를 통해 형성되는 것이고, 어린 시절에 잘 형성되지 않으면 평생 결핍 상태로 살아가야 한다고 말하고 있었기 때문입니다. 덩달아 성인이 된 후에도 어린아이처럼 행동하거나, 사람을 믿지 못하고 경계하는 사람들이 떠올랐습니다.

저는 장사하느라 바빴지만, 자녀를 1순위에 두고 살아가는 부모님 밑에서 자랐습니다. 또 두 분은 잉꼬부부는 아니었지만, 자식이 보는 앞에서 부부싸움을 거의 하지 않았고, 많이 배우지는 못했지만, 자식 교육에 관한 열정은 누구에게도 뒤처지지 않았습니다. 솔직히 엄마가 아빠와 함께 장사하지 않았다면 '헬리콥터맘'이 되지 않았을까 하는 생각이 듭니다. 그렇다고 해서 아빠의 자식 사랑이 엄마에게 뒤처진 건 아닙니다. 쉬는 날이면 오빠와 저를 데리고 산으로 바다로 다니며, 함께 시간을 보냈어요. 방학 숙제가 밀리면 야단치기보다는 방학 숙제는 몰아서 하는 게 제맛이라며 도와줬습니다.

나는 극강의 관계력을 가졌다 #2

제 강점 지능 중 하나는 관계력입니다. 김종훈 교육학 박사가 도키교육에서 주최하는 강의 중에 저를 "극강의 관계력을 가진 도키코치"라고 소개한 덕분에 그때부터 또 하나의 수식어가 생겼습니다.

저는 제가 가진 능력에 비해 자신감이 넘치는 편입니다. 남편조차도 제 장점 중 하나가 넘치는 자신감이라고 할 정도입니다. 뛰어난 미모를 가진 것도 아니고, 명문 대학을 졸업한 것도 아닌 제 자신감은 어디서부터 비롯된 것일까요? 솔직히 엄마가 되기 전엔 저도 잘 몰랐습니다. 자식을 낳고, 육아에 관한 책을 읽으며, 제 자신감은 부모님으로부터 비롯되었음을 알게 되었지요.

저희 부모님은 존재 자체로 저를 사랑해 주었습니다. 자식 험담을 남 앞에서는 하지 않았으며, 자식에 관해서는 부정적인 표현도 하지 않았지요. 결과와 상관없이 항상 믿어주고, 응원하며 늘 "우리 선희가 최고다.", "우리 딸은 복덩어리다."라고 얘기했습니다. 그와 더불어 "사주에 천복을 세 개나 타고났으며, 특히 인복이 좋아서 늘 사랑받고 살 것"이라는 말을 종종 들려주었습니다. 그뿐만 아닙니다. 제가 글을 쓰겠다고 결심하고 "나 이제 글 쓰는 작가가 될 거예요."라고 말했을 때, 부모님은 "우리 딸! 멋지다. 작가 돼서 성공해라.", "어떻게 마흔 넘어서 작가가 될 생각을 다 하노? 이게 다 내가 우리 딸을 잘 만들어서 그렇다 아이가."라며 열렬히 응원해 주었습니다. 평생 글이라고는 한 자 안 쓰던 저였는데, 부모님은 제가 이미 베스트셀러 작가가 된 것처럼 기뻐했어요. 이러한 격려에 힘입어 저는 출판사에 투고해 출간계약서에 사인까지 하게 되었습니다.

부모의 양육 태도는 자녀에게 그대로 대물림됩니다. 자식이 삶의 1순위였던 부모님 밑에서 자란 저는 결혼 후 자연스레 자녀 중심의 삶을 살고 있습니다. 일을 하더라도 항상 아이와 함께 있는 시간을 확보하고, 그 시간에는 아이들에게 집중했지요. 아이를 대할 때도 귀찮아하는 말이나 눈빛을 보내지 않기 위해 늘 조심했습니다. 이건 지식으로 습득했다기보다 자라면서 몸에 익힌 습관인 것 같아요. 그 영향인지 저는 아이들에게 사랑하는 마음을 표현하고, 스킨십을 하는 게 힘들지 않습니다.

반면, 안타깝게도 엄마 코칭을 하면서 많은 엄마가 어린 시절의 상처 때문에 자녀와의 관계 맺음이 힘들다는 것을 알게 되었습니다. 제게는 자연스럽고 당연한 행동이 누군가에게는 어려운 일임을 깨닫고, 각 시기에 필요한 부모의 역할에 관해 공부하고, 코칭에 접목하기 시작했어요.

아이들은 어릴수록 부모의 사랑과 관심이 필요합니다. 부모에게서 무한대의 사랑과 절대적인 보호를 받고 자란 아이들은 바람직한 인간관계를 맺고, 관계 지능을 발달시킬 수 있습니다. 그러나 반대의 경우, 아이들은 평생 결핍된 상태로 살아야 하죠. 그리고 성인이 되어서 그렇게 결핍된 부분을 채우려면 전문가의 도움과 큰 노력이 필요합니다.

자녀 교육에서 가장 중요한 것은 적기 교육입니다. 아이들의 인생에서 부모가 절대적인 역할을 하는 시기는 그리 길지 않아요. 생후 만 10년이 지난 초등학교 5학년이 되면, 아이들의 시선은 자연스레 바깥으로 향합니다. 부모보다 친구가 더 좋고, 연예인이 더 좋아지는 시기죠. 한마디로 아이는 어느새 저만치 자신의 세상을 향해 달려가고 있습니다. 이맘때가 되면 손에 잡히지 않는 아이를 붙들고, 사춘기가 왔다며 섭섭해하는 부모가 참 많습니다. 그러니 멀어진 아이를 바라보며 뒤늦게 아쉬워하지 말고, 내 품 안에 있을 때 아빠 엄마 냄새 실컷 맡으며, 세상에서 가장 따스한 부모의 사랑을 온몸으로 느낄 수 있도록 해주세요. 그것이야말로 자녀 농사의 성공 비결입니다.

| 도키코치의 한마디 |

자녀 농사에도 물 들어오는 시기가 정해져 있습니다.
이 시기에 농사를 잘 지으면,
평생 자녀와 함께 행복한 동행을 할 수 있어요.

　'육아 레시피'의 유무는 자녀 양육에 큰 차이를 나타냅니다. 배가 항해하는 데 나침반이 있느냐 없느냐와도 같으니까요. 특히, 부모가 함께 의견을 조율해 만들어 두면, 가정의 평화까지 지켜줍니다. 그러니 아래 양식지를 참고해, 각 가정만의 레시피를 완성해 보세요. 처음부터 완벽하게 채우지 않아도 좋습니다.

육아 레시피

교육관 : 공부는 인생을 배워가는 과정이다.

훈육

○ 떼를 쓰면 절대 들어주지 않는다.

○ 아이가 잠 오는 시간에 부리는 짜증은 받아준다.

○ 가정 내의 질서를 지킨다.

예) 부모의 권위, 자매, 서열 등

○ 부모가 하면 안 된다고 정한 것을 어길 시 아주 엄하게 혼낸다.

○ 미숙한 것은 혼내지 않는다.

예) 실수로 물건을 망가뜨렸다, 공부하는 방법을 잘 모른다 등

관계

○ 아이가 하교할 때마다 활짝 웃으며 맞이한다.

예) 오늘도 무사히 돌아와 줘서 고마워)

○ 아이가 부르면 하던 일을 멈추고 아이의 이야기에 귀를 기울인다.

○ 엄마가 할 일을 큰아이에게 미루지 않는다.

예) 동생 돌보기

○ '사랑해', '고마워', '우리 소중한 딸'과 같은 표현을 하루 7번 이상한다.

생활

○ 20시~22시는 가능한 아이와 함께한다.

○ 중학생까지 취침 시간은 22시로 한다.

○ 중학생까지 스마트폰은 21시 이후 거실에 둔다.

학습

○ 숙제와 성경 암송은 거르지 않는다.

○ 결과보다 과정을 칭찬한다.

○ 주중에 못한 학습은 주말에 반드시 보충한다.

육아 레시피

교육관 : _____

훈육

○ _____

○ _____

○ _____

○ _____

○ _____

관계

○ _____

○ _____

○ _____

○ _____

○ _____

생활

○ _____

○ _____

○ _____

○ _____

○ _____

학습

○ _____

○ _____

○ _____

○ _____

○ _____

PART

3

내 아이
학습 골든타임 지키기

초등학교 시절은 아이에게 학습 습관을 길러줄 수 있는 골든타임입니다. PART 3에서는 학습 코치의 자세로 자녀의 학습 습관을 잡아 주는 방법을 소개하고자 합니다.

공부보다 마인드 세팅이 먼저다

바람직한 자기주도학습의 자세

"당신에게 공부는 어떤 의미인가요?"

제가 자기주도학습법을 주제로 강의할 때 종종 묻는 한마디입니다. 여기에 대부분의 학부모는 "평생 잘살기 위한 기초를 다지는 것이요.", "지식과 지혜를 쌓아가는 것이요."와 같이 아름답고 추상적인 답변을 합니다. 그런데 공부의 의미를 자녀에게 적용하면 완전히 다른 반응을 보입니다. 소위 말하는 우수한 대학에 진학하고, 좋은 직업을 갖기 위한 수단으로 생각하는 것이죠. 더불어 그 과정에서 아이가 자기주도학습을 하길 바라는 소망을 내비칩니다.

하지만 재미있게도 현실은 전혀 다르게 흘러갑니다. 학원주도학습 또는 부모주도학습으로 이루어지니까요. 여기서 놀라운 사실은 자기주도학습을 아이가 사교육 도움 없이 혼자 스스로 하는 것이라고 착각하는 학부모가 많다는 것입니다. 자기주도학습의 기준을 학원에 다니느냐 다니지 않느냐로 판단하는 것이지요. 자신의 부족한 부분을 알고, 누구에게든 도움을 요청해서 해결할 수만 있다면 장소가 어디든 상관없는데도 말입니다.

한편, 자기주도학습이 잘 이루어지는 아이는 "저만 믿고 따라오세요."라거나, 과도하게 친절하게 설명하는 학원과 과외 선생님은 피해야 합니다. 만일 그런 환경에 데려다 놓으면, 공부법이 맞지 않아 스트레스를 받거나, 애써 쌓아온 자기주도학습 능력이 떨어질 수도 있습니다. 그러므로 스스로 공부할 힘이 있는 아이는 공부하다가 막혔을 때 도움을 주거나, 방향을 잡지 못하고 있을 때 나침반 역할을 해줄 수 있는 선생님을 붙여주는 쪽을 선택할 것을 권해요. 그래야 시너지 효과를 누릴 수 있으니까요.

부모가 아이를 지도하는 상황에서도 마찬가지입니다. 공부 계획표 작성부터 학습할 범위 등 하나부터 열까지 부모가 챙기게 되면, 학원주도학습보다 부작용이 더 심하게 나타나기도 합니다. 예를 들어 아이가 잘 따라오지 않는다는 생각이 들면, "내가 이렇게까지 희생해서 너 하나만 바라보고 있는데, 이것도 못하니?" 하며, 세상에서 가장 소중한 아이에게 원망의 화살을 돌리게 되고, 그로 인해 아이는 부모의 눈치를 보며 집에서조차 마음 편히 쉬지 못해, 밖으로 나돌거나, 부모에게 반항하는 사태를 불러일으키기도 합니다. 너무 극단적인 표현이라고 할 수도 있지만, 심심찮게 접하는 광경입니다.

그러니 부모가 아이의 학습을 도와주겠다고 마음을 먹었다면, 내 아이가 아닌 남의 아이를 대하듯 해야 합니다. 쉽게 말해 '나는 지금 돈을 받고 과외를 하고 있다.'라는 자세로 임해야 합니다. 저는 가끔 학부모가 옆에 앉아 있다고 상상하기도 합니다. 그러면 자연스레 엄마에서 선생님 모드로 바뀌거든요.

공부에 대한 긍정 마인드 세팅

부모가 아이의 학습을 직접 코칭하기 위해서는 공부를 긍정적으로 생각해야 합니다. '공부는 힘든 것'이라고 이해하고 있다면, 그 마인드가 고스란히 아이에게 전해질 테니까요.

사실 많은 사람이 공부를 어렵게 받아들이는 이유는 '공부=시험'이라는 고정관념이 강하게 굳어있기 때문인데요. 공부에 대한 고정관념을 버리면, 공부를 긍정적으로 생각할 수 있습니다. 예를 들어, 이 밖에도 집을 말끔하게 정리하는 법, 세련미 있는 스타일 연출법 등도 공부라고 할 수 있지요. 그래서 저는 "공부는 인생을 배워가는 과정"이라고 정의합니다. '공부(工夫)'의 사전적 의미인 '학문이나 기술을 배우고 익히는 것'에서도 비슷한 느낌을 받았습니다.

같은 맥락에서 내 아이를 직접 가르치고 싶다면 부담을 갖기보다는 자녀교육법 관련 도서나 영상부터 찾아보세요. 거기서부터 시작입니다. 공부를 학문적으로만 받아들이면 짐이 되겠지만, 내가 살아가는 모든 형태가 공부라고 판단되면 흥미롭습니다. 그리고 아이에게도 이 마음을 전해주세요. "공부는 즐거운 거야."라고 말이죠.

스스로 공부하는 힘 키우기

이렇게 공부를 일상으로 받아들이게 된 저는 두 아이를 키우면서 진정한 자기주도학습을 하고 있습니다. 아이들과의 소통을 위해 대화법을 배우고, 요즘의 트렌드를 파악하고, 가족의 건강을 위해 영양학과 식품조리학을 연구하니까요. 그뿐만 아닙니다. 성공의 필수조건인 시간 관리법을 알려주기 위해 그와 관련한 강의를 들은 후 꾸준히 바인더를 쓰면서 실천하고 있습니다. 또 아이에게 책을 읽어주다가 책 읽는 재미에 빠져서 지금은 독서법에 대한 강의를 합니다. 아이를 키우면서 필요한 공부를 찾아서 하는 기쁨을 맛본 거지요.

이렇듯 우리에게는 스스로 공부할 힘이 있고, 이 진실을 믿어야 합니다. 그리고 본인도 할 수 있다는 확신은 자신감으로 나타납니다. 학교 다닐 때 공부 좀 못했으면 어때요? 내 아이를 잘 키우기 위한 공부는 지금부터 출발인걸요.

실패해도 되고, 잘 못해도 됩니다. 그 과정에서 피와 살이 되는 지식과 지혜를 쌓아나가면 되니까요. 어차피 인생에는 정답이 없어요. 앞으로 나아갈 용기만 있다면, 자녀 학습 코칭도 충분히 해낼 수 있습니다.

[도키코치의 한마디]

공부는 우리에게 필요한 역량을 키워가는 과정이에요.
모든 문제의 답은 자기 자신 안에 있죠.
그 답을 찾아가는 과정이 바로 공부입니다.

2,000권의 교육서를 읽고
교육 공식을 만나다

"코치님은 육아가 체질인가 봐요."

"MBTI 유형이 TJ죠?"

　제가 학습법 지도를 할 때 루틴의 중요성을 강조하면, 종종 받는 오해입니다. 그런데 저의 MBTI는 ESFP로 외향적·감각적·감정적·인식적인 성향을 지닌 사람입니다. 한마디로 일정한 패턴으로 공부하는 방식이 맞지 않는다는 뜻이에요. 저와 같은 타입의 주변인만 살펴봐도, 개방적이라 여행을 즐기고, 자녀의 학업보다는 사회성, 즐거움, 행복을 중요시하는 게 느껴져요. 이런 제가 18년간 아이들 학습을 코칭하고, 책 육아를 할 수 있었던 이유는 딱 하나입니다.

"나는 엄마니까."

사실 대부분의 부모는 아이가 생긴 순간부터 '어떻게 하면 잘 키울 수 있을까?', '좋은 부모가 되기 위해서는 어떤 노력을 해야 할까?', '어릴 때 어떤 습관을 길러주면 좋을까?' 등 철저하게 아이 중심적으로 고민을 합니다. 마치 본능처럼요.

이처럼 정도의 차이는 있지만 모든 부모는 내 아이만큼은 잘 키우고 싶은 마음이 간절합니다. 그래서 육아가 체질에 맞느냐 맞지 않느냐를 생각할 겨를이 없습니다. 남성들이 군 생활이 체질에 안 맞아서 못하겠다고 말하는 게 안 통하듯, 육아도 마찬가지인 셈이죠. 그냥 해야 합니다.

엄마라는 인생의 변곡점

제 인생의 가장 큰 변곡점은 결혼과 동시에 찾아온 임신 소식이었어요. 결혼하자마자 아이를 가진 저는 10달 내내 입덧을 했습니다. 그때가 제 평생 유일하게 입맛이 없었던 기간이기도 합니다. 잠도 잘 못 잤고, 사람에게서 나는 냄새가 싫어서 누군가를 만나는 것도 피했어요. 그러다 보니 우울감이 극에 달했습니다. 저는 외부 활동을 통해 에너지를 얻는 경향이 높거든요.

이런 불안정한 심리 상태가 아이에게 나쁜 영향을 미칠까 두려워서 선택한 것이 펠트 공예와 독서였습니다. 육아를 비롯한 교육 서적을 닥치는 대로 읽었습니다. 그렇게 읽은 책이 지금까지 어림잡아도 2,000권이 넘어요. 그 이전에도 교육 관련 도서를 많이 읽었지만, 배 속에 아이를 품고 있으니, 알고 있는 내용도 완전히 새롭게 다가왔습니다.

이처럼 이론적으로 만발의 준비를 했음에도 의지와 열정만으로 아이를 잘 키울 수 없음을 매 순간 느꼈어요. 내 삶이 내 뜻대로 되지 않는다는 걸 그제야 정확하게 인지했습니다. 그와 동시에 큰 깨달음을 얻었습니다. '내 배 아파 낳은 아이지만 내 마음대로 안 되는구나.' 하고 말입니다.

2,000권의 교육 서적을 읽고 깨달은 한 가지

제가 2,000권이 넘는 교육 관련 서적을 읽고 깨달은 한 가지는 '습관의 힘'입니다. 수많은 교육 도서에서 "아이에게는 공부를 하고자 하는 강력한 동기가 필요합니다. 강한 의지력을 키울 수 있도록 부모나 멘토가 아이에게 동기를 유발하세요."라고 말했지만, 저에겐 그저 '옳은 개소리'일 뿐이었습니다. 이는 제가 육아를 하면서 느낀 날것 그대로 표현한 제 느낌입니다. 왜냐하면 좋은 부모가 되겠다는 강한 의지력은 늘 순식간에 무너졌으니까요.

세상에서 가장 못 믿을 건 의지력이더라고요. 전 길어봐야 3일이었어요. 3일 이상 지속되지 않았습니다. 도서관에서 아이에게 책을 읽어주면서도 저는 끊임없이 시선이 밖으로 향했어요. 지금 당장 아이를 차에 태우고 쇼핑몰에 가고 싶은 욕구가 순간순간 올라왔지요. 집에 있으면 친구와 수다 떨며 놀고 싶어서 온몸이 근질근질했습니다. 이런 제가 지금은 "육아가 체질에 딱 맞다."라는 소리를 끊임없이 듣고 있습니다.

어떻게 이런 일이 가능했을까요? 그건 바로 육아를 루틴으로 만든 덕분입니다. 매일 꾸준히 밥을 해 먹이고, 아이와 눈을 마주치며 놀아주고, 함께 책을 읽는 모든 행동을 몸에 새겼습니다. 특별한 이유는 없었습니다. 제가 아니면 할 사람이 없고, 지금이 아니면 나중은 없다고 생각했으니까요. 특히 '세 살 버릇 여든까지 간다.'라는 속담이 있듯 어린 시절에 좋은 습관을 길러두면 커서도 좋은 영향을 미칠 것이라는 굳은 믿음이 저를 뜨겁게 지지해 주었습니다.

설명을 덧붙이자면, 어릴 때부터 책을 가까이하고, 책상에 앉아서 공부하는 습관을 들여놓으면, 출발점부터 다릅니다. 공부에 대한 부담감이 그만큼 줄어드니까요. 반대로 이것이 익숙하지 않은 아이들은 책상에 앉히기까지 많은 시간과 에너지를 요구합니다.

여기서 핵심은 습관은 의지를 이긴다는 점입니다. 따라서 아이가 공부할 때마다 힘겨워해 "우리 아이는 공부가 체질에 안 맞아요."라는 말을 하게 되는 상황을 만들고 싶지 않다면, 성격 유형을 운운하지 말고, 아이에게 루틴대로 생활하는 모습을 보여주세요. 그리고 그 모습을 따라 하도록 이끌어 주세요.

| 도키코치의 한마디 |

육아는 의지로 하는 게 아닙니다.
나와 아이에게 맞는 방법을 찾아서 매일 '그냥' 하세요.
습관은 의지를 이깁니다.

티칭이 아닌 코칭을 하라

    가장 이상적인 자기주도학습은 아이 스스로 공부를 이끌어가는 형태입니다. 하지만 집에서 자기주도학습을 한다는 가정을 살펴보면, 대체로 부모주도학습인 경우가 많습니다.

    사실 자기주도학습은 어떻게 접목하느냐에 따라 완전히 다른 결과를 불러옵니다. 전문적인 학습 코치를 영입하면 좋겠지만, 찾기도 쉽지 않을뿐더러 비용도 만만치 않지요. 그렇다면 어떻게 하면 자기주도학습의 효율을 높일 수 있을까요? 여기에 대한 저의 답은 "티칭(teaching)이 아닌 코칭(coaching)을 해라."입니다. 평소에도 이렇게 이야기하고 있고요.

제가 이렇게 말하는 데는 이유가 있습니다. 아빠든 엄마든 둘 중 한 명이 아이를 가르치게 되면, 마음과는 달리 자꾸만 지적하게 되는데요. 여기에 감정이 상한 아이는 학습에 흥미를 잃고 맙니다. 이때 '티칭'과 '코칭'의 차이를 정확히 인지하고 적용한다면, 이런 위기를 피할 수 있습니다.

그렇다면 티칭과 코칭의 차이는 무엇일까요? 우선 티칭은 '교사가 학습자에게 지식이나 기술을 전달하고, 제 능력이나 가치관을 형성하게 하는 교육 활동'입니다. 반면, 코칭은 '개인이 지닌 능력을 최대한 발휘하여 목표를 이룰 수 있도록 돕는 일' 즉, 도우며 협력하는 역할을 의미합니다. 설명을 더 곁들이자면, 코칭이라는 용어는 커다란 사륜마차를 일컫는 '코치(coach)'로부터 비롯된 단어로, '사람을 목적지까지 운반한다.'는 뜻에서 '목표 지점에 다다를 수 있도록 인도한다.'는 의도로 변화했습니다.

그러니 코치가 자기가 맡은 선수의 컨디션을 파악하고, 최선의 기량을 발휘할 수 있도록 돕는 역할을 하는 것처럼 부모도 아이를 돕는다는 느낌으로 학습을 이끌어 주면, 서로 원만한 관계를 유지하면서 시너지 효과를 누릴 수 있습니다.

다시 한번 말하지만, 제대로 된 자기주도학습을 하려면, 아이가 계획한 목표를 성취할 수 있도록 자신감과 의욕을 심어주고, 실력과 잠재력을 최대한 발휘할 수 있도록 도와줘야 합니다. 이에 저는 공부할 때만큼은 아빠 또는 엄마가 아닌 본인의 이름이나 별명을 넣어 '○○코치'라고 부르기를 권합니다. 부모에서 코치로 잠시 옷을 바꾸어 입는 것이죠. 참고로 저는 도우며 함께 키운다는 의미를 담은 '도키코치'로 활동 중입니다. 예전에는 제 이름 끝자를 가져와 '써니코치'로 불렸지만, 부모를 도와 아이들을 함께 키우고픈 마음으로 나름 야심 차게 네이밍을 한 것입니다.

이렇게 코치의 마인드를 세팅했다면, 자기주도학습법을 익히기보다 아이를 세심하게 관찰하면서 특성과 목표를 파악해야 합니다. 그래야 구체적인 계획을 세울 수 있으니까요. 이때 주의할 점은 부모의 관점이 아닌 아이의 시각에서 살펴봐야 한다는 부분입니다. 아이가 어디에 관심을 두고 있는지, 좋아하는 게 무엇인지를 알기 위해서는 부모가 편견을 버리고, 아이의 얘기를 잘 들어야 합니다.

그리고 무엇보다 아이와 좋은 관계를 맺는 것이 중요합니다. 그런데 부모가 갑자기 코치가 되겠다고 나서면 아이들은 긴장합니다. '어디서 무슨 얘기를 듣고 와서 나한테 이러나?' 하고 한 발짝 물러설 거예요. 이런저런 학습법을 무작위로 적용하고 실패한 전적이 많을수록 더 그럴 거예요. 만일 이러한 반응을 보이면, 시간을 두고 서서히 접근해야 합니다. 아이의 신뢰를 얻어야 하니까요. 운동선수도 코치가 마음에 안 들면 운동할 맛이 나지 않듯, 아이들도 마찬가지입니다. 그러니 무조건 아이의 마음을 읽어주는 것부터 시작하세요. 대부분의 변화는 아주 사소한 데서 출발하는 법이니까요.

학습 코치가 필요한 이유

한편, 자기주도학습을 시작한 후 "코치님, 아이가 스스로 하지 않아서 속이 터져요. 언제까지 잔소리를 해야 하는 걸까요?" 하면서 하소연 하는 학부모를 종종 만납니다. 그들의 조급함을 모르는 건 아니지만, 이런 소리를 들을 때마다 저는 작심삼일 카드를 꺼내 위로합니다. "어른도 단단히 마음을 먹어도 사흘을 넘기지 못하는데, 아이들은 오죽할까요."라면서요. 실제로도 일요일 저녁에 계획을 세워 실천하다 보면, 목요일부터 힘이 빠지는 게 느껴집니다. 제가 운영하는 도키교육에서도 목요일이 프로젝트 인증률이 제일 낮아요. 이것만 봐도 작심삼일은 어디에서나 통용되는 듯합니다.

그런데 우리나라는 주 5일 등교하는 시스템입니다. 즉, 5일 동안 일정한 텐션으로 학습해야 뒤처지지 않을 수 있다는 뜻인데, 그러려면 곁에서 컨디션을 관리하고, 지지하는 코치가 필요합니다. 수영을 몇 년간 해온 제가 강습을 계속 받는 이유도 여기에 있습니다. 코치 없이 혼자 훈련하면, 힘들지 않은 선에서 운동량만 겨우 채우기만 해 임계점을 돌파하기는커녕, 실력이 같은 수준에 머물거나 도태해 버리니까요.

학습도 사정은 비슷합니다. 꾸준히 훈련하면서 임계점을 여러 번 넘겨봐야 발전이 있어요. 그러려면 처음부터 기준을 높게 정하기보다 아이의 학습 수준을 고려한 공부법과 학습량을 정해, 매일 지속적으로 단련하면서 실력이 향상함에 따라 수준을 차츰차츰 올리는 방식을 선택해야 합니다. 하지만 이 과정은 아이가 스스로 할 수 없어요. 특히 초등학교 시절에는 불가능합니다. 대신 부모의 지도를 받고, 학습 습관이 잘 잡힌다면, 중학생이 되어서 스스로 공부할 수 있어요.

지금까지 제가 설명한 내용을 통해서도 알 수 있듯 자기주도학습은 절대로 하루아침에 이루어지지 않습니다. 부모가 인내심을 가지고 전략적으로 접근해야 해요. 단, 초등 시기에는 학습 역량을 키우는 데 집중해야 합니다. 만일 그 시기를 놓친다면, 중학생

때 좋은 성적을 받을 수 없어요. 학습 수준이 급격히 올라가고, 학습량이 많아지니까요. 이러한 이유로 저는 8~13세인 초등학생 때 학습 루틴을 제대로 잡으라고 강조하는 동시에 그와 관련한 코칭을 진행하고 있습니다.

| 도키코치의 한마디 |

부모는 아이가 살아가는 데 필요한
역량을 키울 수 있도록 도와주어야 합니다.
이를 위해 아이의 변화를 세심하게 관찰하고,
지혜와 통찰력을 제시하며, 부모의 역량도 키워야 합니다.

상위 20%의 성적을
유지하는 비밀

"애 성적이 왜 이 모양이야? 매달 나가는 학원비가 얼만데. 도대체 애 관리를 어떻게 하길래 이래?"

"애가 안 하는 걸 어떡해요! 내 말은 안 들으니까 당신이 따끔하게 얘기해 봐요."

이렇게 아이의 성적으로 부모가 다투고 나면, 그 불똥은 고스란히 아이에게 튑니다. 부모 입에서 "성적이 이게 뭐야! 공부하라고 할 때 안 하고 계속 놀더니, 이걸 성적이라고 받아왔어? 매달 학원에 들어가는 돈이 얼만데⋯⋯. 너는 커서 뭐가 되려고 이래?"라는 소리가 나오기 마련이니까요. 그러면 아이는 "나만 그런 거 아니거든요. 왜 나만 가지고 그래요!" 하면서 반기를 듭니다. 꼭 겉으로 드러내지 않더라도 눈앞에 벌어진 상황에 대한 불평불만이 쌓입니다.

그 후에는 어떤 광경이 펼쳐질까요? 대다수의 학부모가 상위권 성적을 받는 아이들이 다니는 학원을 수소문하거나, 과외 선생님을 섭외하기 위해 발품을 팔며 분주해집니다. 다음 시험에는 기필코 더 좋은 성적을 받고야 말겠다는 의지로.

하지만 학원을 바꾼다고, 과외 선생님을 붙인다고 해서 아이의 성적이 오를까요? 그보다 근본적인 원인부터 파악하는 것이 중요합니다. 이를 위해 가장 먼저 CCTV가 되었다고 생각하고, 아이의 하루를 시간대별로 기록해 보세요. 이 과정에서 내 아이가 기본 생활 습관이 잘 잡혀 있는지, 아닌지 제대로 알 수 있습니다.

그런데 만일 엉덩이가 자꾸 들썩이거나, 스마트폰에 자꾸만 손이 가거나, 그 외 집중하지 못하는 모습을 보인다면, 집중하지 못하는 원인을 찾고, 교정한 뒤 좋은 습관을 기를 수 있도록 도와주어야겠지요. 이렇게 피드백하는 과정을 반복하면, 스스로 공부할 힘도 생기고, 공부할 의욕도 오릅니다.

학습 코칭을 하면서 느낀 부분 중 하나가 요즘 아이들이 공부를 정말 안 한다는 사실입니다. 못하는 게 아니라 안 합니다. 약 80%의 아이가 공부를 안 해요. 또 친구들도 다 같이 안 한다고 생각합니다. 그런데 코로나 팬데믹 이후 중위권 아이들이 사라진 걸 보면, 이것이 틀린 말도 아닙니다. 평균 60점을 넘기지 못하는 아이가 늘어났으니까요. 그렇다고 출제된 문제를 확인해 보면 시험이 어려워서 이러한 현상을 보이는 것 같지도 않습니다.

무엇이 문제일까요? 바로 코로나 기간에 길어진 가정 보육으로 생활 습관이 엉망이 된 게 가장 큰 원인입니다. 수업이 온라인으로 대체되면서 카메라를 천정으로 향하게 한 뒤 누워서 수업을 듣거나, 화면을 켜둔 채 스마트폰으로 게임을 하거나, 웹툰을 보며 시간을 보낸 아이들이 대부분입니다. 특히 남학생들은 수업 시간에 단체로 게임에 접속하는 경우도 허다했지요. 그뿐인가요. 유튜브, 넷플릭스 등 한번 시작하면 눈을 뗄 수 없는 자극적인 영상들이 우리 아이들의 시선을 사로잡았습니다.

"아이가 못 일어나서 출석 부를 때 제가 아이인 척 대답했어요."

"수업하는 거 옆에서 지켜보다가 화가 치밀어 올라서 그냥 문을 닫고 나와 버렸어요."

"아니, 선생님은 아이들이 카메라를 안 켜도 왜 야단치지 않는 걸까요?"

"수업 시간에 애들이 단체로 게임을 했대요. 진짜 기가 막혀서 말이 안 나와요."

부모가 집에 있으면 상황이 조금 낫지만, 그렇지 않은 경우는 위와 같이 상상을 초월하는 광경이 벌어졌죠. 게임방이나 당구장에서 수업을 들을 뿐 아니라 볼링 게임을 하며 수업을 듣는 아이들도 있었어요. 우리 아이들은 2년이 넘는 시간을 이렇게 보냈습니다.

점점 벌어지는 성적 격차

그 와중에도 루틴을 지켜 상위권을 유지한 아이들이 있습니다. 과목별 평균이 60점대를 밑돌지만, 90점 이상 받은 학생이 약 20%를 차지합니다. 이로써 코로나 이후 빈부 격차만큼 아이들의 성적 격차도 벌어졌습니다. 이는 각종 언론 및 연구 조사 결과에서도 증명된 부분입니다.

"관심군 중 중위권(B~D등급) 비율은 국어가 2019년 56.49%에서 2020년 43.54%, 수학이 43.59%에서 28.68%, 영어는 42.56%에서 33.72%로 모두 감소했다. 교과 평균 12.2%포인트 줄어들었다."

_출처「서울교육청 서울교육정책연구소 분석 결과」

다시 말해, 중위권의 감소가 하위권(E등급)의 증가로 이어졌다는 게 연구진 분석입니다. 2023년인 지금의 상황은 더욱 심각하고요. 또한 교육이 정상화되면 무엇부터 지도해야 하는지에 대한 설문조사에서는 '기본적인 생활 규칙'에 대한 비중이 높았습니다.

코로나로 인한 후유증은 사회뿐 아니라 학교생활에도 많은 영향을 미치고 있습니다. 제시간에 일어나지 못해서 지각하거나, 수업 시간에 제대로 앉아 있지 못하고 돌아다니는 아이가 늘어나고 있거든요. 그뿐만 아니라 집에서 원격 수업을 들으며 제시간에 밥을 챙겨 먹지 않은 게 습관이 되어버려 학교에서도 급식을 잘 안 먹는다고 합니다. 심지어 수업 도중에 몰래 스마트폰이나 태블릿으로 유튜브를 볼 때 디지털 기기를 뺏으면 뭐가 잘못된 건지도 모른 채 짜증부터 낸다고 해요. 집에서 디지털 기기와 한 몸으로 살았기 때문이죠. 가끔 수업을 마치지도 않았는데, 사라지기도 한답니다. 마음껏 스마트폰을 할 수 있는 집으로 가는 거죠.

다른 친구들이 흐트러진 가운데서도 상위 20%의 성적을 지켜낸 아이들의 비밀은 뭘까요? 그건 바로 기본 생활 습관입니다. 이를 잘 지킨 아이들은 코로나 이전과 비슷한 성적을 유지하고 있습니다. 기본 생활 습관이란, 말 그대로 기본적으로 지켜야 할 생활 습관을 정해놓고 매일 실천하는 거예요. 이에 저는 다음의 네 가지의 기본 생활 습관을 우리 아이들에게 적용했답니다.

1. 일찍 자고 일찍 일어나기
2. 규칙적인 식사
3. 하루 한 시간 스스로 공부하기
4. 매일 30분 독서

이는 좋은 태도를 자리 잡게 해주는 동시에 많은 학부모가 걱정하는 스마트폰 사용 시간도 저절로 줄여줍니다. 다름 아니라 스마트폰을 들여다볼 시간이 없기 때문이죠.

참고로 우리 아이들은 취침 시간이 22시입니다. 큰아이는 고등학생이 되어 스케줄에 따라 이제 자정을 넘겨야 하지만, 중 3까지는 22시가 되면 곧장 침실로 들어갔습니다. 주말도, 시험 기간에도 예외는 없었죠. 그리고 초등학교 6학년인 둘째의 일과는 하교 후 학원에 다녀온 뒤 저녁 식사를 하고 나면 7시가 넘어요. 씻고, 1시간 30분 동안 공부와 독서를 하면 9시 30분이 되죠. 그 후 30분간 자유 시간을 보내고 잠을 잡니다. 이런 생활을 하면 스마트폰을 들여다보고 있을 시간이 없어요.

우리 아이가 공부하는 할애하는 시간이 많을까요? 학교와 학원에서 공부하는 시간을 제외하고 스스로 공부하는 시간은 하루 한 시간 정도입니다. 책 읽는 시간도 겨우 30분이고요. 만약 아이가 스마트폰이나 게임을 하루 2~3시간을 한다면 공부할 시간이 터무니없이 부족하다는 뜻이죠. 아니면 잠을 늦게 자서 수업 시간에 졸고 앉아 있을 가능성이 크고요.

한편, 대부분의 학부모는 스마트폰을 하지 말라고 통제하기만 합니다. 그러면 아이들은 짜증부터 냅니다. 초등학교 고학년 이상 아이를 둔 부모가 스마트폰 이야기만 나오면 실랑이를 벌이는 상황이 떠올라 고개를 절레절레 흔들 정도로요.

하지만 규칙을 정해두고, 기본 생활 습관 잡기에 집중한다면, 공부하는 시간은 늘고, 스마트폰 사용량은 줄이는 두 마리 토끼를 잡을 수 있습니다. 그리고 평일에 기본 생활 습관을 잘 지켰을 때, 주말에 영상을 시청하거나, 게임을 하도록 허용한다면, 아이들의 불만도 줄어들 거예요. 저도 평일에 해야 할 과제를 다 못했을 시, 주말에 보충한 뒤 스마트폰 사용을 허용합니다. 이는 해당 주간에 목표한 바를 주말까지 반드시 마무리하게 하려는 의도가 담겨 있지요. 덕분에 미루는 버릇을 막을 수 있습니다.

더불어 생활 습관이 잘 잡힌 아이는 좋은 컨디션을 유지하며 살아갑니다. 반대라면 생체 리듬이 망가져서 기분이 들쑥날쑥하죠. 생체 리듬은 감정을 조절하는 기능을 하니까요. 이렇듯 우리의 뇌는 꾸준하고, 예측 가능한 규칙을 좋아합니다. 즉, 하루를 어떻게 보내야 할지에 대한 계획이 있다면 스트레스와 불안감이 줄어든다는 것이죠. 어떤 환경에도 끄떡없는 상위 20%의 아이로 키우고 싶다면, 지금 당장 아이의 기본 생활 습관부터 점검해 보세요.

| 도키코치의 한마디 |
생활 습관이 잘 잡힌 아이들은
자기 조절력과 자기 통제력이 뛰어나서
좋은 성적을 받는 데 유리합니다.

문해력과 관계력,
두 마리 토끼를 잡아라

최근 여러 분야에서 '문해력'이 화두에 오르고 있습니다. 문해력이란, 문자를 읽고 쓰는 것뿐 아니라 해석, 창작, 의사소통을 할 수 있는 능력을 의미하는 것으로, 모든 삶에서 꼭 필요한 요소이지요.

하지만 논술 수업을 하다 보면, 당황스러울 때가 많습니다. 이제 막 읽은 글의 내용을 제대로 기억하지 못하거나, 책에 등장하는 인물의 이름과 특징을 잘 모르는 아이가 점점 늘어나고 있기 때문인데요. 게다가 짧은 글임에도 주제와 관련된 문제를 풀지 못하고, 멍하니 앉아만 있기도 합니다. 그래서 다시 읽어보고 답을 찾아보라고 하면 "선생님 모르겠어요. 답 가르쳐주세요."라고 보채기에 급급합니다.

이와 같이 책을 읽어도 생각하지 않으려는 아이가 점점 증가하는 추세입니다. 왜 이런 현상이 생기는 것일까요? 첫째는 영상이나 게임처럼 자극적이고 재미있는 아이템이 많은 탓이고, 둘째는 읽기 능력이 떨어져 글을 읽어도 무슨 말인지 몰라 내용을 이해하지 못하기 때문입니다. 책의 내용을 이해하지 못하는데 책이 재미있을 리가 없죠.

이는 고스란히 성적과도 이어집니다. 시험의 지문이 길어지는가 하면, 서술형을 요구하는 문제의 빈도가 높아져, 문해력이 떨어지면 높은 점수를 기대하기 어려운 것이죠.

아이가 만화책만 보려고 한다면

"우리 아이는 만화책만 보려고 해요. 논술 학원에 가면 책을 좋아하게 될까요?"

간혹 이런 고민을 털어놓는 부모가 있습니다. 주로 초등학교

서학년 자녀를 둔 학부모로, 핵심은 책을 읽기는 하는데, 학습 만화만 읽어서 걱정이라는 거예요. 그런데 이유는 분명합니다. 바로 '읽기 독립'이 되지 않아서예요.

읽기 독립이란, 다른 사람의 도움 없이 스스로 글을 읽고, 뜻을 파악할 수 있는 상태를 의미합니다. 한글 떼기와 다른 개념이죠. 그럼에도 불구하고 대다수는 한글 떼기와 읽기 독립을 동일시합니다. 이에 따라 한글을 떼면 스스로 책을 읽을 수 있을 것이라 착각하지요. 다시 말해, 이제 갓 한글을 뗀 아이가 읽을 수 있는 책은 2~3줄 정도의 글밥이 적은 책인데, 한글을 떼자마자 부모가 평소에 읽어주던 책을 혼자 읽으라고 하니 부담스러울 수밖에요. 당연히 책과도 멀어지게 되고요.

진정한 읽기 독립은 아이가 읽고 싶어 하는 모든 책을 스스로 읽을 수 있는 시점에 이뤄집니다. 이 수준으로 가려면 징검다리 역할을 하는 쉽고 만만한 책이 필요해요. 한마디로 아이 연령대에 맞는 책을 권하기보다 심심풀이 땅콩처럼 가볍고 편한 그림책을 충분히 읽을 수 있는 환경을 만들어줘야 합니다. 또 새로운 책을 많이 접하게 해주세요. 왜냐하면 아이들은 여러 번 읽어서 내용을 간파하고 있는 책에는 흥미를 느끼지 못하니까요. 그렇다고 매번 새 책을 구매하라는 뜻은 아닙니다. 한 번만 읽고 넘어가도 되는 책은 도서관과 중고 서적을 활용하세요. 저도 아이들에게 책 읽기에 대한 부담감을 줄여주기 위해 징검다리 책을 10질 정도 중고로 들인 경험이 있습니다.

이때 주의해야 할 점은 아이가 스스로 읽는 환경을 만들어 주되, 아이가 원하면 끊임없이 읽어줘야 한다는 것입니다. 갑자기 부모가 책 읽어주는 것을 멈추면, 아이는 상실감을 느낄 수도 있고, 쉬운 책만 읽다 보니 책이 시시하게 느껴져 흥미를 잃을 수도 있어요.

이렇게 두 가지 방법을 병행하면 어느 순간 아이가 읽고 싶어 하는 책과 읽을 수 있는 책의 수준이 같아지는 날이 옵니다. 그리고 부모가 읽어주는 것보다 아이 스스로 읽는 속도가 빨라지면 아이는 자연스레 혼자 책을 읽기 시작합니다.

반면, 징검다리 독서 과정을 거치지 않은 아이들은 진정한 의미의 읽기 독립이 이루어지지 않아서 그림이 가득한 만화책에 눈을 돌립니다. 만일 만화책에 빠진 아이를 줄글로 된 책을 읽게 하고 싶다면, 책을 읽어주면서 흥미부터 붙이도록 해보세요.

아이와 함께 책을 읽어야 하는 또 다른 이유가 있습니다. 부모와 자녀 간의 원활한 의사소통을 위해서죠. 일반적으로 가정에서 이루어지는 대화는 매일 비슷한 내용이 반복됩니다. 하지만 아이와 함께 책을 읽으면 대화의 소재가 무궁무진하게 늘어납니다.

우리 집 아이들은 한글을 빨리 익힌 데다가 읽기 독립 시기도 빨랐어요. 큰 애는 28개월, 둘째는 40개월 무렵에 한글을 읽을 수 있게 됐는데, 읽기 독립까지는 1년 정도의 시간이 걸렸습니다. 하지만 아이와 함께 책을 읽는 건 지금도 계속하고 있어요. 초등학교 6학년인 둘째와는 아직도 20~30쪽씩 분량을 정해 함께 낭독 중이죠. 고 2인 큰아이와도 같은 책을 읽고 생각을 나누거나, 제가 읽은 책을 권해주고, 그와 관련한 소재로 담소를 나눕니다. 이렇게 아이들과 함께 책을 읽으면, 대화의 주제가 풍성해질 뿐 아니라 서로의 생각을 알 수 있어서 관계가 좋아집니다.

실제로 저는 두 아이와 아직 한번도 싸우거나 갈등을 겪은 적이 없습니다. 코로나와 함께 시작한 북한군도 무서워서 쳐들어오지 못한다는 중 2 시기도 책과 함께 즐겁게 지나갔어요. 제가 이런 말을 하면 "코치님 아이는 정말 책을 좋아하나 봐요?"라는 반응이 돌아오는데, 꼭 그렇지는 않습니다. 어린 시절부터 책과 친해졌고, 지금도 집에 책이 넘치지만, 아이의 시선은 책보다 스마트폰으로 먼저 향하니까요. 친구들과 덕질하는 오빠들이 그 안에 들어있는데 책이 먼저 눈에 들어올 리가 있겠습니까? 그런데 아이의 이런 마음을 알아주지 못하고 "왜 휴대폰만 들여다보고 있니?"라고 한다면 자녀와의 관계가 급격히 나빠질 거예요.

그러니 책은 그저 아이와 소통하는 가장 좋은 도구라고 받아들이면 좋겠습니다. 즉, 부모가 아이의 사생활을 인정해 줘야 아이도 기분 좋게 책을 손에 쥡니다. 부모는 그 순간을 놓치지 않고, 무심한 듯 책 내용을 툭툭 던져주세요. 이렇게 아이들과 함께 읽은 책이 저희 집 책장을 가득 채우고 있습니다. 그 사이사이에 추억도 함께 쌓였지요.

우리 아이들의 문해력은 꽤 좋은 편입니다. 어린 시절 낯가림이 심하고 예민한 탓에 발표도 제대로 하지 못했던 큰아이는 학교에서 리더십이 강하고 발표를 아주 잘한다는 평가를 받고 있고, 감정 기복이 심했던 둘째는 본인의 마음을 글과 그림으로 잘 표현하는 아이로 자라고 있으니까요. 이 결실은 누가 뭐라 해도 온 가족이 책으로 소통한 덕분이라고 자신합니다. 그러하기에 저는 부모와 자녀가 함께 읽고, 이야기를 나누는 방식이야말로 문해력을 키우는 최고의 독서법으로 꼽습니다.

| 도키코치의 한마디 |

책은 부모와 아이를 이어주는 메신저 역할을 합니다.

책을 소재로 다양한 얘기를 나눠보세요.

그러면 문해력과 관계력

두 마리 토끼를 함께 잡을 수 있습니다.

미래 이력서로 꿈을 잡아라

많은 학부모가 2025년부터 전면 도입될 고교학점제 앞에서 고민이 깊어 갑니다. 그도 그럴 것이 고등학교에 진학하기 전에 적성을 파악하고, 진로를 결정해야 하는 숙제가 주어지니까요. 이단계를 넘어가야 거기에 맞는 과목을 수강함으로써 학교에 잘 적응하는 것은 물론, 대학 입시에서도 유리해집니다.

하지만 문제는 아이들에게 꿈이 없다는 거예요. 본인이 무엇을 잘하고, 못하는지도 잘 모를뿐더러, 되고 싶거나 하고 싶은 것도 없이 집과 학교 그리고 학원에 오가는 삶을 살고 있습니다. 이는 아이들만의 문제는 아니에요. 아이를 대하는 부모의 태도에도 문제가 있습니다. 아이가 하고 싶어 하는 걸 이야기하면 귀담아듣지 않습니다. 게다가 부모 본인 마음에 드는 직업이 아니면 '저러다가 말겠지.' 하면서 "하고 싶은 건 대학 가서 생각해도 돼."라는 태도로 일관합니다. 그런데 하고 싶은 걸 하기 위해서 대학에 가는 게 아니라 일단 대학에 간 뒤에 생각하라고 하는 건 우리 세대가 부모님께 듣던 말입니다. 어쩜 수십 년이 흘렀는데도 변한 게 하나도 없는지 정말 안타깝습니다.

사실 아이들은 꿈에 대해 진지하게 생각할 겨를이 없어요. 하교를 해도 학원 스케줄로 빠듯하니까요. 중간중간 틈이 생겨도 게임이나 영상, SNS에 시선을 뺏깁니다. 그나마 꿈을 찾아도 부모님의 뜻에 부합하지 않으면 그 꿈을 거절당합니다. 가령, 제과제빵에 관심이 있어 빵 만드는 일을 하고 싶다고 말하면, "빵 만드는게 얼마나 힘든데. 네가 뭘 몰라서 그래. 그냥 공부해."라고 하죠. 이런 아이의 말을 듣고, 진지하게 고민한 후, 제빵 학원에 등록시켜 줄 부모가 과연 몇이나 있을까요?

현실이 이러하니 아이들은 목표 없이 그저 성적을 올리기 위해 여러 학원에 오가기만 합니다. 영어, 수학은 기본이고 국어, 과학,

논술, 컴퓨터, 예체능까지. 게다가 학습지까지 더하면 아이들은 살인적인 일정을 소화하고 있는 거예요.

학원은 도대체 왜 보내는 걸까요? 아이의 성적 때문에? 학교 수업을 잘 못 따라가서? 뛰어난 아이를 더 뛰어나게 만들고 싶어서? 모두 아닙니다. 가장 큰 이유는 부모의 불안감입니다. 학원을 보험처럼 여기는 거죠. 또 학원이라도 가야 게임을 하지 않는다며 등록하기도 합니다. 그렇다고 해서 제가 학원의 힘을 빌리는 걸 싫어하는 건 아닙니다. 사교육 전문가가 사교육을 싫어할 리가 있겠습니까?

교육의 빅 픽처

대신 아이를 학원에 보내기 전에 교육에 대한 큰 그림부터 그려보길 추천합니다. 아이가 무엇을 좋아하는지, 어떤 일을 할 때 행복해하는지, 잘하는 건 무엇인지를 대화를 통해 제대로 파악해보는 거예요. 아이가 아직 어리다면 아이의 일거수일투족을 잘 관찰하세요. 아이의 꿈이 무엇인지 아는 게 우선입니다. 꿈은 최고의 동기 부여가 되어주니까요.

저만 하더라도 마흔다섯 살에 '부모 교육'이라는 새로운 일을 발견하고는 수험생처럼 공부하고 있습니다. 요즘은 공부가 너무 재미있습니다. SNS를 꺼리던 제가 온라인 교육 사업을 위해 마케팅과 SNS 활용법을 배우고 있고, 더 좋은 코치가 되고 싶어서 라이프 코치 자격증을 취득하면서, 코칭에 관한 공부를 하고 있습니다. 그에 더해 필체가 엉망인 아이들에게 도움을 주고 싶어서 비싼 비용을 들여 1:1 손글씨 교정 수업도 받았고요. 저에게 배움은 재미있고 신나는 모험이자 도전입니다. 저처럼 아이들도 꿈이 생기면, 호기심을 나타내고, 배움을 즐기면서 도전하게 될 거예요.

그러니 아이가 관심을 가지는 분야에 집중하세요. 아이의 꿈에 부합하지 않는 학원은 단호하게 끊으세요. 모든 걸 다 잘할 필요가 없습니다. 잘하는 것 한 가지에 몰입하는 경험을 하게 하세요. 몰입을 통해 자신의 한계를 뛰어넘는 경험을 한 아이는 배움과 성장이 얼마나 즐거운 일인지 알게 됩니다. 이때 관련 분야 학원은 시너지 효과를 부르는 강력한 수단이 됩니다. 더 나아가 자신만의 성공 공식을 체득하고, 이 공식을 다른 곳에 적용하며 탁월함을 갖춘 아이로 자라게 됩니다.

나를 알아가는 미래 이력서 쓰기

아이의 꿈을 찾는 방법의 하나로 '미래 이력서' 쓰기가 있습니다. 아이가 대학에 가고 싶지 않다고 하면, '스무 살이 되었을 때 나는 어떤 이력서를 쓸 것인가?'를 고민하면서 이력서를 채워보게 하세요. 이력서 쓰는 법을 모른다면 아이에게 예시를 보여주고, 이력서 양식을 출력해 진지한 마음으로 작성하게 하세요.

이력서를 쓰려면, 다니고 싶은 직장명과 직종을 기재해야 합니다. 자기소개서 칸을 채우려면 자신의 장점과 역량에 대해서도 생각해야 하고요. 직종에 대해 잘 모르겠다고 하면 구인·구직 사이트인 워크넷(www.work.go.kr)을 참고하세요.

이력서를 써본 아이들은 자신이 잘하는 것과 부족한 게 무엇인지를 알게 될 거예요. 더불어 인생이 호락호락하지 않다는 것도 느끼게 될 겁니다. '하고 싶은 일 하며 살아야지.'라는 생각이 얼마나 안일한 태도였는지 깨달을 겁니다. 그래서 저는 부모도 미래 이력서를 함께 써봤으면 합니다. 그리고 그 과정에서 목표 없이 공부만 하는 게 얼마나 위험한 일인지 인지하길 바랍니다.

아이를 더 좋은 길로 안내하기 위해서는 부모가 장님이 되어서는 안 됩니다. 빠르게 변하는 세상에 탑승해 제대로 이해하고 있어야 내일을 대비할 수 있어요. 어릴 때 만화에서 보던 미래 사회의 모습이 현재 눈앞에 펼쳐지고 있듯, 삶은 천천히 흐르는 듯하지만, 실상은 매우 빨리 전개되고 있습니다. 다시 말해, 미래에 대한 큰 그림을 그리고 있지 않으면, 열심히 공부해도 꿈꿨던 목표와 점점 멀어지게 됩니다.

세계적인 경영 컨설턴트인 보도 섀퍼는 "나는 지금 어떤 방향
으로 가고 있는가?"를 항상 스스로 물어야 한다고 했습니다. 당신
도 이 질문을 가슴속에 품어보세요. 그러면 무엇을 배워야 할지,
앞으로 어떻게 살아가야 할지 인도하고, 안내해 줄 거예요.

꿈이 없는 아이는 바다 위에 둥둥 떠다니는 돛단배와 같습니다.
바람이 부는 대로 흘러가는 거죠.
꿈은 삶의 방향을 가리키는 나침반과 같습니다.

현재 꿈이 있는 아이든 없는 아이든 모두에게 권하는 '미래 이력서 쓰기'입니다. 이를 통해 꿈이 있는 아이는 더 명확한 꿈을, 꿈이 없는 아이에게는 본인의 미래 모습을 그려보게 함으로써 하고 싶은 일을 찾게 해줍니다.

방법은 구인·구직 사이트 워크넷(www.work.go.kr)에서 다양한 직업을 검색한 다음 '미래에 하고 싶은 일'과 '일하고 싶은 곳'을 찾습니다. 그리고 어떤 학과를 전공해야 하는지, 필요한 자격증은 무엇이 있는지 등 목표를 이루기 위한 세세한 정보를 채워나가면 지금 당장 무엇을 해야 할지 분명해집니다.

이때 증명사진은 꼭 붙이도록 합니다. 그래야 아이가 자신의 꿈으로 받아들이니까요. 물론 부모가 옆에서 도와줘야 합니다. 아이에게는 아직 낯선 작업일 테니까요.

미래 이력서

하고 싶은 일 :

일하고 싶은 곳 :

자기 소개
(이름, 나이 등 자신에 대한 소개와 함께 이 회사에 지원한 이유를 쓰세요.)

학력	자격증	특기
(졸업 학교, 전공)	(희망하는 일과 관련된 자격증)	(특별히 잘하는 것)

PART

4

소통
자녀 교육의 마스터키

많은 학부모가 자녀와의 소통을 어려워하지요. 이에 PART 4에서는 18년 동안 두 아이와 단 한번도 큰소리 내본 적 없는 저만의 비결을 공유하고자 합니다.

책을 매개체로 대화해라

'공부를 잘하면 좋겠다.'

'성실하면 좋겠다.'

'인성이 바른 아이로 자랐으면 좋겠다.'

이처럼 내 아이에 대한 바람은 끝도 없습니다. 모두 성공적인 인생을 살았으면 하는 부모의 마음에서 비롯한 것이지요. 저는 여기서 질문 하나 하고 싶습니다. 부모가 원하는 모습을 현실로 만들기 위해 무엇을 했는지가 그것입니다.

참고로 압도적으로 뛰어난 자녀를 키우는 부모는 모두 '독서'를 중요시합니다. 저 또한 강조하는 부분이기도 하고요. 사실 비싼 사교육을 시켜도 독서가 빠지면 좋은 성과를 낼 수 없으니까요.

물론 초·중학교 시절에는 교과서를 읽고, 문제집만 풀어도 좋은 성적을 받을 수 있습니다. 하지만 고등학교부터는 문해력과 배경지식이 얼마나 탄탄한지에 따라 학습의 성패가 나뉩니다. 문제 푸는 요령은 온라인 강의를 통해 금방 배울 수 있지만, 독서력은 하루아침에 생기지 않아요. 게다가 고등학생이 되면 공부량이 많아서 책 읽을 시간이 없습니다. 실제로 고등학생에게 가장 후회되는 점을 물으면 하나같이 "책 좀 읽어둘 걸 그랬어요."라고 답합니다.

독서 시간부터 확보하기

제가 책 읽는 습관을 들여야 한다고 얘기하면 많은 학부모가 즉각 "코치님, 우리 아이는 책 읽을 시간이 없어요."라고 합니다. 맞습니다. 초등학교 고학년만 되어도 학원 스케줄에 밀려서 책 읽을 여유가 없으니까요. 단언컨대, 지금 책 읽을 시간이 없는 아이는 내일도 책 읽을 시간이 없습니다. 시간이 생겨도 독서 습관이 잡히지 않은 아이는 책을 읽지 않거든요.

내 아이가 꾸준히 책을 읽기를 원한다면 독서 시간부터 확보하세요. 책 읽을 시간도 없을 만큼 학원만 들락날락한다면, 당장은 성적이 오를지 몰라도 고등학생이 되어서는 좋은 결과를 기대하기 어렵습니다. 한마디로 독서가 빠진 사교육은 가장 가성비가 떨어지는 교육법입니다. 저는 "밑 빠진 독에 물 붓기와 같다."라고 말하고 싶어요.

제가 생각하는 독서는 취미 생활이 아닙니다. 대신 생명을 유지하기 위해 밥을 먹듯, 두뇌의 성장을 위해 매일 해야만 하는 필수 불가결의 조건이라 정의하고자 합니다. 그렇다고 처음부터 너무 많은 시간을 할애하려 하지 마세요. 평일에는 30분 정도가 적당합니다. 조금 더 욕심을 내고 싶겠지만 꾹 참으세요. 놀고 싶어 하는 아이들의 마음도 읽어줘야죠. 부모가 의욕이 앞서 매일 1시간 이상 책을 읽자고 하면, 아이들은 질려서 도망갈지도 모릅니다. 그러니 하루 30분만 시간을 내서 아이와 '함께' 책을 읽으세요.

만일 시도해 보기로 다짐했다면, 한 권의 책을 분량을 나누어서 읽기를 권합니다. 30분 미만으로 읽을 수 있는 짧은 동화책도 좋아요. 시간은 등·하교 전후, 잠자기 전 언제든 좋습니다. 저는 저녁 식사 직후 아이와 함께 책을 읽습니다. 이 시간은 몸이 나른해서 무엇을 하든 집중이 잘 안되는 시간이기에 설거지를 미뤄두고, 아이와 책상에 앉습니다. 그리고 같은 책을 함께 낭독하거나, 각자 읽고 싶은 책을 읽으며, 짧게 책에 관해 이야기를 나누기도 합니다.

책은 가장 친절한 소통의 통로

아이와 책을 읽을 때, 주의할 점이 있습니다. 바로 그 순간만큼은 세상에서 가장 친절한 부모가 되어야 한다는 거예요. 그런데 실천해 봤다면 알겠지만, 굳이 애쓰지 않아도 책을 낭독하게 되면 목소리를 가다듬고 차분하게 읽어야 하니, 저절로 상냥해집니다. 당연히 아이들은 이런 부모의 모습에 기분이 좋아집니다. 부모 역시 아이가 책 읽는 소리를 들으면 마음이 편해지고요.

한편, 이런 평화를 깨트리는 상황이 생기기도 합니다. 아이가 잘못 읽으면 지적하게 되니까요. 그 한마디가 아이의 독서 정서를 무너뜨릴 수도 있습니다. 과하게 칭찬하라는 소리도 아닙니다. 그저 평소보다 친절한 태도를 유지해 주세요.

하나 더 당부하고 싶은 사항은 독서 후 책의 내용을 확인하는 질문을 하지 말라는 겁니다. 절대로 해서는 안 됩니다. 간혹 아이가 책을 대충 읽는 것 같아서 내용을 확인했는데 답을 못한다며, 답답하다고 하소연하는 학부모가 있습니다. 그러면 저는 다음과 같이 되물어요. "○○ 님은 오늘 무슨 책을 읽으셨나요? 그 내용을 저에게 설명해 주시겠어요? 주인공의 이름은요? 시대적 배경은 언제였나요? 작가는 어떤 의도로 이 책을 썼을까요?"

여기에 막힘없이 답을 하는 학부모는 지금까지 단 한 명도 없었습니다. 그렇다면 이 학부모가 책을 제대로 읽지 않은 걸까요? 그렇지 않습니다. 각자 기억하는 부분이 다를 뿐입니다. 저도 소설 한 권을 읽고, 등장인물을 다 기억하지 못하는 경우가 대부분이에요. 이렇듯 우리는 책에 담긴 모든 내용을 기억하기 위해 책을 읽는 것이 아닙니다.

책을 읽는 목적은 읽고, 생각하고, 적용하기 위해서입니다. 어떤 책은 주인공의 말 한마디가, 또 어떤 책은 제목이 기억에 남을 수도 있습니다. 더불어 '몇 권의 책을 읽었다.'와 같은 결과보다 읽는 과정에 집중하세요. 아이와 함께 책 속에 풍덩 빠져서 그 시간을 온전히 즐기다 보면, 아이와 관계도 좋아지고, 지식도 자연스레 쌓여갈 거예요.

그뿐만 아닙니다. 하루 30분 동안 함께 책을 읽으면, 아이를 관찰하는 힘이 생깁니다. 아이가 어떤 책을 좋아하는지, 어떤 글귀에 공감하는지, 오늘 컨디션은 어떤지를 알 수 있지요. 아이가 책에 집중하지 못하는 날은 딴짓한다고 야단치기보다, 아이의 마음을 빼앗은 게 뭔지 관찰해보세요. 학교에서 친구와 안 좋은 일이 있었을 수도 있고, 컨디션이 나쁠 수도 있고, 메시지로 친구들과 주고받던 이야기가 궁금할 수도 있습니다.

여기까지 듣고 눈치 빠른 분이라면 알아차렸으리라 믿습니다. 독서는 단순히 지식 습득을 위한 실천이 아니라 생활입니다. 책을 읽고, 짧게나마 생각을 나누면서 하루 동안 있었던 일도 곁들여 소통할 수 있거든요. 제 경험을 빌려 설명하자면, 책을 읽다가 어린 시절이 떠올라 "엄마가 어렸을 때, 할머니랑 시장에 가면 꼭 떡볶이를 사 먹었어. 엄마는 떡볶이가 먹고 싶어서 먼 길을 따라다녔지. 할머니가 만들어 주는 떡볶이보다 시장 떡볶이가 더 맛있었거든. 그런데 그땐 100원에 5개였는데, 지금은 너무 비싸. 5개에 4,000원이나 하잖아."라는 얘기를 했더니 "와! 떡볶이 5개가 100원밖에 안 했어요? 물가가 얼마나 오른 거예요?"라는 반응을 보이는 거예요. 그러면서 자연스럽게 주제가 경제로 바뀌었죠. 덩달아 제가 뭘 좋아하는지, 어떤 추억이 있는지, 꿈이 무엇이었는지도 알려줄 수 있었습니다. 이렇게 서로에 대해 알아가는 것이야말로 하루 30분 독서의 매력이 아닐까 합니다.

특히 책을 매개체로 삼으면 사춘기가 와도 아이의 눈높이에 맞추어서 자연스럽게 대화할 수 있습니다. 청소년기가 되면 부모와 대화하는 걸 부담스러워하거나, 어색해하기도 하는데, 부모와 책을 읽으며 대화를 나눈 아이들은 고민이 생길 때마다 부모에게 털어놓으며 문제를 해결해 나가기에 부모와 대화하는 시간을 좋아하게 됩니다.

책은 아이와 부모를 연결해 주는 메신저예요.
아이와 함께 책을 읽으면 폭넓은 주제로 대화할 수 있을 뿐 아니라,
하루 일과를 얘기하며 자연스럽게 소통할 수 있습니다.

마음에 이름표를 붙여라

오늘 아침 아이와 어떤 대화를 했나요? 아마도 이런 얘기를 나누었을 겁니다. "일어나.", "밥 먹어.", "준비물 챙겼니?", "차 조심해." 저도 마찬가지였습니다. 태교할 때부터 공감 대화법을 배우고 익혔지만, 일상에서 아이의 마음을 들여다보고, 감정을 얘기하는 건 쉽지 않았거든요. 그 이유는 제가 제 마음을 알아차리고, 표현하는 게 낯설었기 때문입니다. 게다가 나쁜 감정은 멀리하고, 좋은 감정만 가까이해야 한다는 생각이 제 마음을 점점 무디게 만들었다는 사실을 수용에 관한 공부를 하면서 알게 되었습니다.

여기서 수용이란, 있는 그대로를 받아들이는 태도를 의미합니다. 하지만 저는 저 자신을 있는 그대로 받아들이는 게 참 어려웠습니다. 내 안에서 일어나는 감정의 정확한 이름을 모르고 있었던 것이 가장 큰 원인이었죠. 가령, 기분이 나쁘면 "짜증 나."라고 했고, 기분이 좋으면 "그냥 좋아."라고 말했습니다. 하지만 이렇게 단순하게 표현하고 나면, 어딘가 모르게 개운하지 않고, 찝찝했어요.

'내 마음은 이게 아닌데. 지금 기분이 안 좋지만, 짜증 나는 건 아니고, 화가 나는 것도 아닌데 이걸 뭐라고 표현해야 하지?' 이에 저는 포스트잇에 오늘의 내 감정에 어울리는 단어를 찾아서 써보기로 했습니다. 감정 단어는 마셜 B. 로젠버그의 저서 『비폭력 대화』와 초등 상담 나무에서 만든 '공감대화카드'를 활용했어요.

참고로 공감대화카드는 초등상담나무에서 활동 중인 김종훈 교육학 박사에게 직접 활용법을 배웠는데요. 처음에는 학생들을 대상으로 사용하다가, 부모들도 실생활에서 쉽게 이용하면 좋을 듯해 포스트잇 대화법을 고안했습니다.

감정 단어를 노트가 아닌 포스트잇에 쓴 이유는 오늘의 감정을 내일까지 가져가고 싶지 않아서였습니다. 감정은 휘발되는 거잖아요. 그렇게 감정 단어를 써 나가다 보니 단지 짜증이 나서 기분이 안 좋았던 게 아니라, 싫음, 화남, 슬픔 등 다양한 이유에서 비롯되었음을 깨달았습니다. 싫은 마음도 더 깊이 들어가면 '지겨움', '부러움', '답답함'처럼 여러 감정이 존재하고 있었습니다.

이렇게 내 감정을 정확히 알고, 그 기분을 수용하자, 아이들의 마음이 보이기 시작했습니다. 아이가 한글을 모를 때는 제가 아이의 마음을 대신 읽어주고, 아이가 그 마음을 표현할 수 있도록 도왔어요. 그리고 한글을 깨우친 후로는 공감대화카드로 감정에 관한 대화를 주고받고 있습니다.

대화를 살리는 포스트잇 활용법

부모가 자녀에게 하는 말에는 명령, 훈계, 충고, 비판, 비교하기, 캐묻기, 화제 바꾸기가 주를 이룹니다. 그런데 아이들은 부모가 자신의 마음을 알아주기만 해도 기분이 좋아집니다. 하지만 부모는 하고 싶은 말을 먼저 하죠. 그래서 아이들이 이런 말을 하는 겁니다. "우리 부모님은 대화가 안 돼."

누구나 그렇듯 아이들도 상대방이 각 잡고 이야기하는 걸 싫어합니다. 그게 한집에 사는 부모님이라면 더 그렇겠죠. 또 얘기가 길어지면 잔소리라 여기고, 한 귀로 듣고 한 귀로 흘려버립니다. 흔한 표현으로 영혼이 가출해 버립니다. 그러므로 아이와 감정을 나누려면 가볍게 접근하세요. 그리고 부모의 감정도 솔직하게 보여주세요. 참고로 저는 매일 아침 아이들과 식사하며, 포스트잇에 마음 이름표를 붙입니다. 방식은 아래와 같아요. 자세한 내용은 부록을 참고해 주세요.

〈나 알기〉
예) 엄마 마음−기쁘다/기대된다: 개학해서 기쁘고, 내일 강의가 기대된다.

〈너 알기〉
예) ○○ 마음−기대된다/걱정된다: 새 학기가 시작되어서 기대되지만, 친구를 못 사귈까 봐 걱정된다.

하루 5분이면 충분하니, 아침 또는 저녁 식사 시간에 실천해 보세요. 포스트잇에 적힌 내용을 보고 아이의 감정을 그대로 읽어주기만 해도 서로를 이해하며, 공감할 수 있습니다. 확인했다시피 서로의 마음 알기는 꽤 단순함에도 아이와 공감 대화가 안 되는 이유는 뭘까요?

첫째, 부모가 아이와 자신을 동일시하기 때문입니다. 부모가 아이와 자신의 문제를 분리하지 못하면, 아이의 감정을 읽어주기보다 문제 해결부터 하려고 듭니다. 공감보다는 충고나 판단이 앞서게 되지요.

둘째, 자녀가 하나의 독립된 인격체임을 인정하지 않아서입니다. 사람은 모두 그 자체로 귀한 존재임에도 대부분의 부모는 이 부분을 간과합니다. 아직 어리다고 하면서요. 아이의 감정을 존중하고, 소중히 여겨야만 진정한 대화를 할 수 있습니다.

셋째, 부모가 자신의 마음을 잘 모르기 때문입니다. 공감 대화를 위해서는 부모가 먼저 자신의 마음을 받아들이는 연습을 해야 합니다. '나는 지금 피곤하구나. 어제 잠을 푹 못 자서 피곤한 건 당연해.', '나는 지금 막막하구나. 물가가 올라서 생활비가 더 필요한데, 수입은 늘지 않아서 막막한 건 당연해.', '나는 지금 기쁘구나. 친구와 함께 맛있는 음식을 먹고 실컷 수다를 떨어서 기쁜 건 당연해.' 이런 훈련이 바탕이 되어야 아이뿐만 아니라 다른 누구와도 원활한 대화를 할 수 있습니다. 포스트잇으로 하는 마음 이름표 붙이기가 제법 큰 도움을 주고요.

감정은 좋고, 나쁜 게 없어요. 자연스러운 현상인 거죠. 그러니 어려워 말고, 인정해 주세요. 대부분의 사람이 하루에도 오만가지 이상의 생각을 하며 살아가니, 불편한 감정이 들 수도 있고, 힘든 감정이 들 수도 있어요. 실제로 감정 단어에도 긍정적인 감정보다 부정적인 감정이 훨씬 많습니다.

단, 마음 이름표를 통해 감정을 표현할 때는 담담하게 말하세요. 감정을 온몸으로 표현하면, 불필요한 감정 소모를 하게 되고, 상대도 부담스럽습니다. 이것이 잘 지켜진다면, 감정의 홍수 상태에 빠져서 이성이 마비되는 걸 막아줍니다. 한마디로 언성 높일 일이 안 생기는 거죠.

마음 이름표와 관련한 제 에피소드를 하나 들려주자면, 어린 시절 아장아장 걷던 둘째가 넘어져서 우는 모습을 본 첫째가 "우리 다은이 넘어져서 속상하구나."라며 일으켜 주기도 하고, 동생의 마음을 저에게 전하기도 했어요. 덕분에 저는 우애 좋은 자매를 키우는 행복을 누리고 있습니다. 이제는 아이들이 제가 인지하지 못하는 제 마음도 읽어줍니다. "엄마, 지금 많이 힘들어 보여요.", "엄마, 그때 매우 곤란했겠어요."라고요. 이것만 봐도 마음 이름표의 가장 큰 장점은 굳이 말하지 않아도 가족의 마음을 파악하고, 이해해 주는 게 아닐까 합니다.

| 도키코치의 한마디 |

감정은 파도처럼 하루에도 수십 번씩 왔다 갔다 합니다.

좋은 감정이든 나쁜 감정이든 그런 감정을 느끼는 자신을 허용하세요.

그리고 오늘 하루 마음에 남는 감정을 느끼는 이유를 찾고,

'그렇게 느끼는 건 당연하다.'라고 수용하세요.

공감 대화로
마음의 거리를 좁혀라

아이들과 대화하다 보면 "우리 아빠·엄마는 제 마음을 잘 몰라요.", "우리 부모님은 부모님 마음대로 다해요."라는 말을 종종 듣습니다. 이 얘기를 듣는 학부모들은 아마 "내가 언제? 다 너를 위해서 그러는 거야. 그것도 모르고……."라며 억울해할 겁니다. 드라마에서도 종종 연출되는 상황이기도 합니다.

이 대화의 특징은 서로 마음을 몰라준다는 거예요. 그래서 섭섭하죠. 아이도, 부모도. 이상한 건 아니에요. 우리는 자신의 입장에서 생각하는 게 익숙하니까요. 그런데 대부분의 부모가 아이를 위해서 하는 말이라고 하지만, 결국 부모의 관점에서 하는 소리예요. 아이들이 그렇게 느꼈으니까요.

아이러니하게도 세상의 모든 부모는 자식을 사랑하지만, 그런 부모로부터 많은 자녀가 상처를 받습니다. 정말 안타까운 일이죠? 그러면 부모가 주는 사랑과 자식이 받아들이는 사랑이 같아지려면 무엇을 해야 할까요? 아이의 마음을 채우는 공감 대화를 해야 합니다. 바로 앞 장에서 살짝 언급했지만, 조금 더 구체적으로 설명해 보려 합니다.

공감 대화란, 서로의 생각이나 느낌, 감정 등을 깊이 이해하고, 함께 나누는 대화를 의미합니다. 공감 대화를 하기 위해서는 상대의 말을 열린 마음으로 듣고, 자신의 감정을 적절하게 표현할 수 있어야 합니다. 조금 더 쉬운 설명을 위해 두 모녀의 대화를 예시로 들어보겠습니다.

오키: "아빠 엄마, 요즘 휴대폰이 이상해. 갑자기 터치 기능이 안 돼."
부모: "산 지 1년도 안 됐는데 왜 고장이 나? 휴대폰 값이 얼만데. 조심해서 사용하라고 했지."

도키: "아빠 엄마, 요즘 휴대폰이 이상해. 갑자기 터치 기능이
안 돼."

부모: "휴대폰이 안 돼서 불편했겠구나. 갑자기 그런 거야? 아
빠 엄마가 한번 볼게."

당신은 '오키 부모'와 '도키 부모' 중 어떤 부모인가요? 이성적
으로 생각하지 말고, 본능적으로 떠올려 보세요. 아이는 어떤 부
모의 말을 듣고 싶을까요? 도키는 부모님과 대화를 이어 나가고
싶을 테고, 오키는 더는 말하고 싶지 않을 거예요. 도키 부모는 도
키의 말에 공감하고 있지만, 오키 부모는 그렇지 않기 때문이죠.
그렇다면 공감 대화는 어떻게 하는 걸까요?

공감의 귀 열기

공감 대화를 하려면 공감적 듣기를 해야 합니다. 이것은 아이
의 말을 분석하기보다 아이의 감정을 생각하며 듣는 방식이에요.
아이의 몸짓, 말투, 표정, 목소리 톤 등을 살피는 거죠.

지금 감정이 어떤지를 파악하면서 아이가 하는 이야기에 귀 기
울여 보세요. 그러면 현재의 기분이 읽히면서, 아이를 이해하게
됩니다. 위의 대화에서 도키 부모는 휴대폰이 안 돼서 종일 불편
했던 도키의 심경부터 헤아리고 있습니다. 본인의 감정을 터트리

는 건 문제 해결에 아무런 도움이 되지 않으니까요. 이렇게 부모가 자신의 마음을 알아주면, 아이도 자신이 부주의하게 휴대폰을 사용한 적은 없는지 돌아볼 거예요. 그리고 애써 거짓말을 하며, 자신이 유리한 쪽으로 얘기하지도 않을 거고요. 그러니 한 박자만 늦춰서 아이의 마음을 먼저 읽어주세요. 그거면 됩니다.

인본주의 상담의 창시자 칼 로저스는 "공감이란 상대방의 눈높이에 맞춰서 그 사람 안에 머물면서 그 사람 감정의 흐름을 그대로 함께 느끼며 이를 표현해 주는 것이다."라고 말했습니다. 여기서 '그 사람'을 '아이'로 바꾸어 실천해 보세요. 이렇게 공감하는 부모 밑에서 자란 아이는 마음이 얼마나 따뜻할까요? 즉, 부모는 아이의 마음을 춥게 할 수도, 따뜻하게 할 수도 있는 존재입니다.

공감의 입 준비하기

동양권 문화에서 자란 우리는 대체로 부모로부터 공감을 받아본 경험이 부족합니다. 침묵을 미덕으로 삼는 아버지와 잔소리를 사랑으로 여기는 어머니 아래서 성장한 영향이죠. 더욱이 자녀를 독립적으로 여기는 서양과는 달리 우리는 부모님과 밀착된 삶을 살고 있습니다. 그로 인해 말이나 행동으로 마음을 밝히지 않아도 다른 가족이 알아줄 것이라는 착각을 하곤 합니다. 오죽하면 CM송에서도 "말하지 않아도 알아요. 눈빛만 보아도 알아."라고 했을까요. 그런데 정말 그럴까요? 만일 그게 가능했다면, 가족에게 상처받는 일은 없었을 겁니다.

맞습니다. 말하지 않으면 모릅니다. 표현해야 압니다. CM송도 이제는 "말하지 않으면 몰라요."라고 합니다. 저 또한 따뜻한 눈빛보다 말 한마디의 효력이 더 강력하다 믿습니다. 그래서 하고 싶은 말은 꾹 참기보다, 적절하게 표현할 필요성이 있다고 생각해요. 이것이 공감 대화의 한 방법이기도 하고요. 물론 격양된 목소리보다는 공손한 태도로 솔직하게 전하는 것이 좋겠지요. 그래야 상대방도 불편해하지 않고, 이해하는 마음으로 나의 이야기에 귀 기울일 테고요.

부모와 자녀의 관계에서도 마찬가지입니다. 그래서 저는 누누이 "아이의 눈높이에서 감정을 공감하며, 열린 마음으로 듣고, 나의 마음을 공손한 태도로 솔직하고, 구체적으로 표현하는 부모가 되어주세요."라고 합니다. 먼저 말하기보다 들어주고, 자녀의 마음을 헤아리면서 부모의 의사를 내비치라는 것이죠. 이때 학부모는 두 부류로 나뉩니다. 고개를 끄덕이거나, 절레절레 흔듭니다.

물론 공감 대화는 말처럼 쉽지는 않습니다. 처음에는 잘 안될 거예요. 참고로 저희 부부는 자녀와 공감 대화를 하기 위해 태교로 대화법을 공부했는데, 경상도 남자인 남편은 "선.희.가 무.척. 속.상.하.구.나."라며 초등학생이 책을 읽듯이 말했어요. 그런 와 중에도 대화법 강의를 수십 번씩 반복해서 들었더니 아이가 옹알 이를 시작할 때즈음 배운 대로 유창하게 말할 수 있었습니다.

저와 남편이 오랜 기간 대화법에 투자했던 이유는 말이 갖는 힘이 크다는 걸 알고 있어서였습니다. 어린 시절 부모에게 들었 던 말 한마디가 평생 가슴에 상처로 남기도 하고, 말로 인해 큰 다 툼이 생기기도 하잖아요. 특히 자녀가 청소년기를 지나고 있다면, 부모는 더더욱 말조심해야 합니다. 부모는 그저 잘되라고 한 소리 였는데, 그것이 불씨가 되어 극단적 선택을 하기도 하니까요. 이 같은 상황이 벌어지지 않도록 미리 준비한 것입니다.

신기하게도 부모와 자녀가 공감 대화가 이루어지는 가정은 평 화가 지속됩니다. 부모와 대화한 방식을 그대로 형제에게도 적용 하니, 따스한 말이 오고 갑니다. 본인의 감정도 상대방이 잘 이해 할 수 있도록 솔직하고, 구체적으로 전달하고요. 이에 따라 친구 와의 관계도 원만하고, 학교에서도 인정받습니다.

이러한 이유로 저는 아이가 공부 관련 상보다 '바르고 고운 말' 상을 받아올 때가 더 기쁩니다. 선생님의 평가란에 "친구를 배려

하고, 말을 따뜻하게 하는 아이입니다."라고 적혀 있을 때 그렇게 뿌듯할 수 없습니다. 이렇듯 공감 대화의 최대 수혜자는 자녀가 아닌 부모라고 확신합니다. 제3자의 평가도 평가지만, 아이가 자랄수록 거친 말을 해서 상처받는다는 학부모가 있는 반면, 저는 여태껏 아이들로부터 거친 말을 들어본 적이 없으니까요. 오히려 저보다 더 따뜻하게 제 감정을 읽어주고, 저에게 고맙다는 표현을 자주 합니다.

설명을 덧붙이자면, 무뚝뚝한 큰아이는 사랑한다는 말은 오글거려서 잘 못 하지만, "엄마, 고마워요.", "오늘도 힘내세요.", "이것 좀 도와줄 수 있어요?"와 같은 말은 자주 합니다. 동생에게도 짜증 내지 않고, 자기 의사를 진솔하게 얘기하고, 정중하게 거절합니다. 애교 많은 작은아이는 원하는 게 있으면, 언니 기분을 어찌나 잘 맞춰주는지 보고 있으면 절로 웃음이 납니다. 단언컨대 이는 공감 대화의 효과라고 믿습니다.

아마도 누구나 꿈꾸는 가정의 모습이 아닐까 합니다. 그렇다면 아래 내용을 참고해 공감 대화를 익혀 보세요. 처음엔 낯설겠지만, 점점 더 밝고, 상냥해지는 가족의 기운을 느낄 수 있을 거예요.

〈공감 대화법〉

1. 감정 나누기

표정과 행동을 보고, 마음의 상태나 감정에 관해 관심을 보입니다.

2. 공감적으로 반응하기

들은 내용을 자기가 이해한 말로 표현합니다. 단, 앵무새처럼 따라 하기만 하면 놀리는 것처럼 느껴질 수도 있으니 주의하세요.

3. 배려하는 말하기

공손한 태도로 말하고, 상대를 위하는 말을 합니다.

4. 수용적으로 말하기

상대의 말을 자기 기준으로 해석하지 않고, 의견이 다르더라도 다름을 인정하고, 있는 그대로 수용합니다.

5. 적극적으로 반응하기

상대의 눈을 바라보거나, 상대의 행동을 조금씩 따라 하며 맞장구를 칩니다. 또 적절한 질문을 하거나, 격려하며 상대의 이야기에 반응합니다.

| 도키코치의 한마디 |

'말 한마디로 천 냥 빚을 갚는다.'라는 속담은

공감 대화의 효과를 가장 잘 나타낸 것입니다.

공감 대화는 닫힌 마음의 빗장을 여는 마스터키와 같아요.

잘 들어주기만 해도
좋은 관계가 형성된다

남의 말을 집중해서 듣는 건 여간 힘든 일이 아닙니다. 누군가의 얘기를 듣는 순간에도 내 머릿속엔 수많은 생각이 떠오르기 때문이죠. 여기서 질문 하나 해보겠습니다. 나의 이야기를 상대방이 건성으로 듣는다는 느낌이 들 때 어떤 감정이 드나요? 서운하기도 하고, 그 사람의 말에도 귀 기울여지지 않습니다.

아이라고 해서 별반 다르지 않습니다. 부모가 자기의 이야기를 어떻게 듣는지를 바로 알아차려요. 그런데 아이가 하교해서 돌아왔을 때 '벌써 시간이 이렇게 됐어? 어휴, 자유 시간도 끝이네.' 이런 마음으로 아이를 맞이한다면, 출발부터 어긋나기 시작할 거예요. 불편한 감정이 싹트기 시작했으니, 경청이 되지 않는 것은 당연합니다.

한편 저는, "학교 다녀왔습니다."라며 현관문을 활짝 열고 들어오는 아이를 세상에서 가장 반가운 표정과 그러면서 "오늘 재미있었어? 어떤 일이 우리 딸을 기다리고 있었을까? 땀 냄새가 폴폴 나는 걸 보니 재미있게 뛰어놀았구나."와 같은 말로 맞이합니다. 그리고 출출할 아이를 위해 간식을 내놓고, 대화를 이어가지요. 엄마의 이런저런 물음에 아이는 학교에서 있었던 일을 신나게 풀어놓습니다.

이처럼 부모의 열렬한 환영을 받는 아이는 집이 가장 행복하고, 안전한 공간이라고 여길 거예요. 그러니 부모는 아이를 환대하고 아이의 얘기를 들어주기만 하면 됩니다. 그 어떤 판단과 평가를 접어두고 말이죠. 아이가 학교에서 돌아오는 시간에 집에 있을 수 없다면, 식사 시간을 활용해 보세요. 아이의 말을 들어주는 시간을 가져야, 부모에 대한 신뢰가 두텁게 쌓입니다. 아이도 부모의 말을 귀담아듣고요. 더 나아가 자연스레 경청하는 법을 온몸으로 익힙니다.

'경청' 이야기가 나왔으니 조금 더 이어가 보도록 하겠습니다. 경청이란, 화자가 말하는 내용뿐만 아니라 정서 또는 감정을 읽고, 긍정적인 의도까지 알아차리는 것으로, 가장 효과적인 커뮤니케이션입니다. 온전히 대화를 나누는 상황에 몰입해야 가능한 기술이므로, 경청할 줄 아는 사람에게는 기본적으로 상대방을 존중하는 마음이 깔려 있다고 볼 수 있습니다.

그렇다면 아이의 말을 경청하려면 어떻게 해야 할까요? 우선 하던 일을 멈추고, 눈을 맞춰야 합니다. 아이가 이야기하는 중간에 끼어들거나 훈수를 두어서도 안 됩니다. 일부만 듣고 오해할 수도 있고, 잘못 판단해 아이와 갈등을 빚을 수도 있으니까요. 가령, 아이가 학교에서 있었던 속상한 사건을 아빠·엄마와 함께 나누면서 상처받은 마음을 해소하고 싶어서 장황하게 설명하는데, 짧게 말하라고 하거나, 집중하지 않는다면, 아이는 진짜 하고 싶었던 속마음을 꺼낼 수 없습니다. 대신 부모의 눈치를 보며, 좋은 얘기만 하든지, 말문을 닫고 자기 방으로 들어갈 거예요.

반면, 경청이 이루어지면 아이의 생각이나 감정을 알아차릴 수 있습니다. 그 과정에서 서로의 차이점을 발견하게 되기도 하고요. 가능하다면 말뿐만 아니라 표정과 목소리도 살펴보세요. 만일 친구 얘기를 할 때 인상을 찌푸리고 있다면, 친구와 안 좋은 일이 있었음을 짐작할 수 있겠죠. 목소리 톤에서 기분도 감지할 수 있고요. 이때 아이에게 생긴 문제를 부모의 문제로 받아들이지 않도록 주의하세요. 그러면 사건을 객관적으로 볼 수 없을뿐더러, 핵심을 놓치게 됩니다. 그렇다면 어떻게 대응해야 할까요? 충분히 아이의 얘기에 경청하면서 감정을 읽어준 다음 "이런 상황에서는 어떻게 하면 좋을까?"라고 물어보세요. 부모가 나서서 답을 찾아주는 게 아니라, 아이 스스로 답을 찾을 수 있도록 도움을 주는 조력자의 역할을 하는 겁니다.

아이가 스스로 답을 찾게 하는 법

아이에게 문제가 발생했다면, 문제 해결의 열쇠는 부모가 아닌 아이가 가지고 있습니다. 부모를 신뢰하는 아이는 부모와 대화하는 과정에서 문제 해결의 실마리를 찾습니다. 혹시 어떤 이야기를 해줘야 할지 망설여진다면, 아래의 질문을 참고하세요.

"너는 친구가 그렇게 말할 때 어떤 감정이었어?"
"너는 친구의 행동을 보고 무슨 생각이 들었어?"
"너는 어떻게 하고 싶니?"

그리고 아이가 얘기할 땐 부모의 생각을 접고, 들어만 주세요.

눈을 마주치고, 공감하듯 고개를 끄덕이면서. 그렇게 아이의 얘기가 끝나면 감정을 정리하고, 그다음엔 어떻게 할지 생각할 수 있게 해주세요.

"얘기하고 나니 기분이 어때?"
"내일 학교에 가서 어떻게 할 수 있겠니?"
"다음에도 똑같은 문제가 생기면 어떻게 하고 싶니?"

이런 훈련이 된 아이는 문제해결력을 키울 수 있을 뿐 아니라, 자기의 얘기를 경청하고 기다려 준 부모를 자연스럽게 신뢰하고, 고마움을 느낍니다. '우리 부모님은 항상 내 편이구나!'라는 확신도 생기고요. 나를 믿어주는 내 편이 다른 사람이 아닌 부모라고 믿는 아이는 집에 머무는 시간을 좋아합니다. 집 밖에서 친구들과 배회하지 않아요.

그런데 주변을 둘러보면 부모보다 친구나 학원 선생님을 더 따르는 아이가 있습니다. 그 이유는 부모가 내 편이라는 믿음이 부족해서입니다. 제가 학원 강사를 하던 시절, 유독 저를 잘 따르는 아이들을 관찰해보면, 십중팔구 부모에게 불만이 있는 아이들이었습니다. 하나같이 입을 모아 "부모님이 자신의 말을 잘 들어주지 않는다."라고 했고요. 그러면서 "아빠는 늘 피곤하다며 나중에 얘기하자고 해요.", "우리 엄마는 제 행동을 지적하거나 고치려고 해요.", "집에 가면 제 말을 들어주는 사람이 아무도 없어요. 그래서 저는 강아지랑 말해요." 등의 하소연을 늘어놓았죠.

더 큰 문제는 부모에게 속사정을 털어놓지 못하는 아이는 본인이 진짜로 원하는 게 뭔지 잘 모른 채 살아간다는 겁니다. 그렇게 혼자 마음 앓이를 하며, 부모와 점점 멀어지다가 사춘기가 오면 시한폭탄처럼 빵 하고 터지는 거지요. 그러면 부모와 자녀가 원수처럼 싸우기도 합니다. 아마 모든 학부모가 이러한 사태를 만들고 싶지 않을 겁니다. 그러니 조금만 의식해서 아이에게 귀 기울여 주세요. 더도 말고 덜도 말고 하교 직후, 저녁 식사할 때, 하루 딱 두 번이면 됩니다. 효과적인 경청을 원한다면 아래 예시를 참고하세요.

〈효과적인 경청법〉
1. [내용 듣기] 내용을 그대로 듣는다.
예) 아이: 오늘 시험 문제가 너무 어렵게 나왔어.
　　 부모: 그랬구나! 시험 문제가 너무 어렵게 나왔구나.

2. [마음 읽기] 아이의 마음을 읽는다.
예) 아이: 오늘 시험 문제가 너무 어렵게 나왔어.
　　 부모: 시험 문제가 어렵게 나와서 당황스러웠겠다.

3. [표현 하기] 부모의 긍정적인 의도를 표현한다.

예) 아이: 오늘 시험 문제가 너무 어렵게 나왔어.

　　부모: 다음 시험에는 당황하지 않도록 방법을 찾아보면 좋겠네.

　　도움 필요하면 말해.

| 도키코치의 한마디 |

진정한 경청은 내가 아닌 상대방의 처지에서 생각하는 것입니다.

'역지사지(易地思之)'의 마음으로 아이의 얘기를 끝까지 듣고,

아이가 어떤 마음일지 떠올려 보세요.

칭찬과 인정으로
아이의 마음을 열어라

지금까지는 일상의 소통에 대해 다뤘다면, 이제는 학습에서 사용할 대화 기법을 나눠보도록 하겠습니다. 부모가 학습 코칭을 성공적으로 이끌려면 아이와 관계가 좋아야 합니다. 늘 잔소리만 하는 부모가 학습 코칭까지 하겠다고 하면 아이들의 마음은 어떨까요? 공부하는 것도 힘든데, 부모의 잔소리까지 더해진다고 여겨 공부와 영영 담을 쌓을지도 모릅니다. 이설프게 시작했다가 공부뿐 아니라 아이와의 관계마저 틀어질 수 있어요. 그렇다면 학습 코칭에 앞서 자녀와 평소에 나누는 대화부터 점검해 볼까요?

아이: 나 영어학원에서 시험을 쳤는데 100점 맞았어요.
부모: 너무 잘했다. 다음에도 열심히 해서 100점 맞았으면
좋겠어.

위의 대화는 부모가 아이가 아닌 100점 맞은 결과에 대해 칭찬한 것입니다. 그로 인해 아이는 기쁜 마음보다 다음에 또 100점을 맞아야 칭찬을 받을 수 있다고 받아들여 학습에 대한 부담을 가질 수 있어요. 칭찬은 고래도 춤추게 한다는데, 어떻게 하면 우리 아이를 춤추게 하는 칭찬을 할 수 있을까요?

칭찬은 좋은 점이나 훌륭한 일을 높이 평가하는 행위입니다. 그런데 대부분 겉으로 드러나는 행동이나 선택 또는 결론에 초점을 맞추어 칭찬하죠. 그보다 과정을 중심으로 칭찬해 보세요. 이를 위해서는 평소 아이의 행동을 잘 관찰해야겠지요. 예를 들어, 시험 성적을 올리기 위해 아이가 어떤 노력을 했는지 떠올리면서 칭찬을 하는 겁니다.

아이: 영어학원에서 시험 쳤는데, 100점 받았어요.
부모: 정말? 어제 유튜브 보고 싶은 것도 꾹 참고 열심히 공부
하더니, 좋은 결과 얻었네. 아빠 엄마도 진짜 기쁘다.
아이: 제가 어제 유튜브 보고 싶은 거 참느라 혼났는데,

제 마음을 어떻게 알았어요? 신기하다.

이렇게 부모가 자기 마음을 알아주면, 신이 나서 조잘조잘 속마음을 털어놓게 됩니다. 무뚝뚝한 아이는 씩 웃으며 넘어갈 수도 있고요. 확실한 것은 이것이 동기 부여가 되어 아이는 더 잘하려는 모습을 보일 겁니다.

강점을 발견하는 인정 기술

칭찬 기술만큼 중요한 것이 인정입니다. 상대의 강점을 발견하고, 자신감과 용기를 주어 긍정적인 행동을 강화하도록 돕는 기술이죠. 만일 결과보다 과정과 노력을 구체적으로 인정해 주면 어떨까요? 기분 좋은 경험이 쌓여서 긍정적인 행동이 강화되겠지요. 특히 다른 사람이 발견하지 못한 부분에 대해 언급해 주면 더 효과적입니다.

이를 증명하는 미국 즉석식 브랜드 '얌!(Yum!)'의 전 CEO 데이비드 노박의 에피소드가 있습니다. 그는 "사람을 얻어야 성공을 얻는다."는 자세로 소통에 온 힘을 기울인 경영자로 알려졌는데, 직원들의 가치를 인정하고, 진심으로 존중하는 것이야말로 사업 성공의 비밀병기라고 강조했어요. 그렇게 생각하게 된 계기에 대해 CNN과의 인터뷰에서 다음과 같이 말했습니다.

"예전에 공장을 방문했다가 직원들이 은퇴를 2주 남겨 둔 '밥(Bob)'이라는 동료 직원에 대해 떠들고 있는 것을 우연히 듣게 됐습니다. 가만히 들어보니 뒷담화가 아니었어요. '그는 정말 중요한 사람이다. 그의 빈자리가 벌써 걱정된다.'라는 얘기였습니다. 그리고 밥은 동료들이 보이지 않는 곳에 앉아 눈물을 훔치고 있었지요."

이때부터 노박은 인정과 칭찬을 자신의 무기로 삼겠다고 다짐한 뒤, 실제로 실천했습니다. 그에 더해 잘한 일이 있으면 작더라도 반드시 보상을 챙겨주었다고 합니다.

저는 전적으로 "당신이 누군가의 가치를 알아보고 인정해 준다면, 그들은 더 열심히 일할 겁니다. 사람은 누구나 따뜻한 관심을 받고 싶어 하니까요."라는 말에 동의합니다. 이는 부모에게 인정받고 자란 아이들을 지켜보면 더 확실하게 알 수 있죠. 늘 자신감에 차 있고, 기대한 결과가 나오지 않더라도 툭툭 털고 일어서는 힘은 인정에서 비롯하니까요.

아이를 인정하는 데 필요한 것은 넓은 시야와 새로운 관점입니다. 예를 들어, 시험공부를 위해 책상에 앉아 있는 게 당연하다 여기면, 아이를 인정해 줄 수 없어요. 대신 아이가 책상에 앉기 전에 어떤 갈등을 겪었을지, 무엇을 포기했을지 헤아린다면, 아이가 노력하는 모습이 보입니다. 이처럼 인정은 발견하는 만큼 할 수 있다는 점을 잊지 마시길 바랍니다.

또한 관점 전환은 아이의 부정적인 행동을 이해하는 데에도 도움이 됩니다. 주어진 과제를 미루고, 빈둥거리거나, 짜증을 많이 내는 아이를 대할 때, 그 이면의 마음을 들여다볼 수 있게 되어 지적하거나, 화를 내기보다 아이를 이해하고, 그 마음을 먼저 읽어 줄 수 있게 되거든요.

전교 꼴등에게 일어난 인정의 효과

시험 기간이 되면 전교 꼴등 하는 아이도 마음이 힘들어요. 공부를 열심히 하지 않더라도, 시험을 준비하는 친구들을 바라보는 게 힘들고, 공부를 못하는 자신이 한심하게 느껴지기도 하겠죠. 미래가 불안하기도 할 테고요.

하지만 전교 꼴등이라고 해서 무시당할 이유는 없습니다. 이 아이는 단지 학습 태도가 성실하지 않을 뿐이에요. 혹은 어린 시절 공부하는 법을 제대로 배우지 못해서 공부를 못하는 것일 수도 있습니다.

저도 학습 코칭을 할 때 성적이 지나치게 안 좋은 아이들을 만나기도 하는데요. 안타깝게도 이 아이들은 누군가에게 인정을 제대로 받아본 경험이 거의 없습니다. 대신 공부 못하는 아이, 말썽 부리는 아이, 성실하지 않은 아이와 같은 부정적인 평가에 익숙하죠. 그런데 저는 이런 아이들이야말로 더 인정을 해줘야 한다고 생각합니다. 사소하더라도 긍정적인 모습을 찾아서 칭찬하는 것이죠.

제가 만난 학생 중 수학을 10점 받은 A라는 중학생 2학년 여자아이가 있었습니다. 당시 저는 A에게 "너 수학을 진심으로 풀었구나! 한 번호로 찍었다면 10점보다는 높은 점수를 받았을 텐데, 그러지 않고 풀었구나!"라며 코칭을 시작했어요. 그랬더니 A는 "선생님, 어떻게 아셨어요? 우리 엄마는 찍어도 이 점수보다는 낫겠다고 야단쳤는데. 저 진짜 억울해요. 학원에서 배운 대로 공식을 대입해서 풀었는데, 계산 실수가 잦았는지 점수가 이렇게 나왔어요. 그런데 제 진심을 알아준 건 선생님이 처음이에요."라며 울먹였습니다.

네, A에게 필요한 건 자신의 마음을 알아주는 단 한 사람이었습니다. 고맙게도 A는 나를 그런 사람으로 받아들였는지, 그 일을 계기로 저에게 마음을 열고, 평소 어떤 것에 관심이 있는지, 학교

생활을 어떻게 하고 있는지 등 본인과 관련한 이야기를 술술 털어놓았습니다. 그때 나눈 대화를 통해 저는 A가 동물과 요리에 관심이 많다는 것을 알게 되었고, 식품조리학 관련 특성화고에 진학할 것을 권했습니다. 그로부터 몇 년이 지난 후 A의 엄마를 통해 A가 애완동물 수제 간식 가게를 차려서 아주 잘 운영하고 있다는 소식을 전해 들었습니다. 그뿐만 아니라 A는 SNS를 통한 마케팅도 꽤 잘해서, 지금은 저에게 SNS 운영 노하우도 알려주고 있고요.

저는 엄마 코칭을 진행하면서도 인정의 힘을 엄청나게 경험하고 있는데요. 이 세상에 인정받지 못할 존재는 없습니다. 우리는 존재 자체로 귀하니까요. 특히 아이의 가치를 발견하고 인정해 주는 사람이 타인이 아닌 부모가 된다면, 그 파워는 상상하는 이상으로 엄청날 겁니다. 그러한 의미에서 오늘부터 아이의 긍정적인 부분을 찾아서 직접 말해주면 참 좋겠습니다.

| 도키코치의 한마디 |

결과가 아닌 과정에 집중하면,
인정하고 칭찬할 게 구체적으로 보인답니다.
보물을 찾듯 호기심을 가지고 아이들을 관찰해 보세요.
그리고 발견하는 즉시 바로 인정하고 칭찬해 주세요.
아이가 어떤 마음일지 떠올려 보세요.

자녀의 신뢰를 얻는
단순한 비결

자녀가 신뢰하는 부모는 제가 가장 이상적으로 생각하는 부모의 모습입니다. 하지만 자녀에게 신뢰를 얻기란 정말 쉽지 않습니다. 왜냐하면 가족은 24시간 일상을 공유함으로써 서로에 대해 너무 잘 알고 있기 때문입니다. 그럼에도 불구하고 단 하나만 잘 지킨다면, 자녀에게 무한한 신뢰를 쉽게 얻을 수 있습니다. 그것은 바로 '약속한 것 꼭 지키기'입니다.

일반적으로도 약속을 잘 지키는 사람은 많은 사람에게 신뢰를 받습니다. 사소한 약속일수록 높은 신임을 얻죠. 반대로 약속을 어기면, 실망합니다. 자녀와의 관계에서도 예외는 아닙니다. 약속을 잘 지키는 부모 아래서 성장한 아이는 아래와 같은 특징이 나타나는가 하면, 부모를 존경하기까지 합니다. 반대로 부모를 믿지 못하면 마음이 불안정하거나, 타인과 사회에 대한 불신이 생기기도 해요.

〈부모를 신뢰하는 아이들의 특징〉

1. 충동을 자제한다.

부모와 한 약속을 지키기 위해 유혹을 참고, 이겼을 때 더 큰 보상이 주어진다는 것을 경험한 아이들은 만족 지연 능력(참을성)이 큽니다. 이는 학업에도 영향을 미쳐, 놀고 싶은 유혹을 이기고, 해야 할 일을 먼저 하는 힘이 있습니다.

2. 낙관적이다.

부모와 따뜻하고, 세심한 애착 관계가 잘 형성되어 있으므로 세상을 낙관적으로 대합니다.

3. 어려움을 잘 극복한다.

힘든 일이 생기더라도 부모와 상의하며, 문제를 해결하는 힘이 있습니다.

4. 사회생활을 잘한다.

자신과 타인을 신뢰하는 힘이 있어서 사회생활을 잘합니다.

5. 자존감이 높다.

자신을 믿고, 존중하며, 자신을 돌보는 힘이 높습니다.

6. 탈선하다가도 금방 돌아온다.

부모와 신뢰 관계가 형성된 아이들은 실수하더라도 잘못을 뉘우치고, 부모 곁으로 돌아옵니다. 탈선하는 아이들은 부모에 대한 불평을 늘어놓거나, 욕하는 경우가 많습니다. 실제로 아이들의 얘기를 들어보면 부모를 욕하는 강도가 아주 셉니다. 하지만 부모와 좋은 관계를 맺고 있는 아이들은 그런 무리와 함께 있으면 마음이 불편합니다. 그 틈에 잘 섞이지 못하는 거죠. 그래서 잠시 친구와 노는 재미에 빠져 잘못된 길을 가다가도 금방 돌아옵니다.

자녀는 부모의 거울

위의 내용을 통해 알 수 있듯 신뢰는 안정된 가정을 만드는 주춧돌과 같은 역할을 합니다. 이에 저는 아이들에게 꽤 너그러운 편이지만, 고의로 거짓말을 할 때는 아주 엄하게 대합니다. "네가 거짓말을 해서 엄마가 무척 속상하고, 실망스럽다."라고 제 마음을 솔직하게 얘기하고, 그에 대한 벌을 내립니다. 예를 들어, 약속한 시각을 어기고, 유튜브 시청이나 게임을 했을 경우 일주일간 미디어 금지령을 내립니다.

저는 훈육에 대해서도 아이와 기준을 정해둡니다. 가령, "스마트폰 사용 시간을 어겼을 땐 일주일 동안 스마트폰 사용을 못 한다."라는 약속을 하고, 그러한 상황이 벌어졌을 때 말한 대로 실행에 옮깁니다. 만일 아이가 울거나, 잘못을 인정하는 모습을 보인다고 해서 슬그머니 스마트폰을 건넨다면, 부모 스스로 신뢰를 무너뜨리는 행동을 하는 것입니다.

여기에는 부모만 약속을 지키는 게 아니라, 아이도 약속을 지켜야 한다는 메시지가 담겨 있습니다. 이것이 잘 지켜지기 위해서는 부모가 주의를 기울이며, 아주 엄하게 가르쳐야 해요. 부모는 자녀에게 사랑과 공의를 함께 알려 줄 의무가 있습니다. 부모를 속였을 때 아주 따끔하게 혼이 난 아이는 부모를 속이는 횟수가 점점 줄어들게 되지만, 부모를 속여도 괜찮다는 걸 경험한 아이는 학교에서 통제 불가능한 아이가 됩니다. 부모도 무서워하지 않는 아이가 누구를 겁낼까요?

당신은 자녀에게 어떻게 보였으면 하나요? 저는 진실하고, 긍정적이며, 도전적인 엄마로 봐줬으면 합니다. 그래서 잘못한 것은 잘못했다고 인정하고, 장애물을 만나면 잠시 쓰러져있다가도 방법을 찾기 위해 일어섭니다. 모든 것에 열정적이지는 않지만, 도전할 가치가 있는 일을 만나면 주저하지 않고 용기를 내어 도전합니다.

반면, 완벽한 살림, 계획적인 모습에 대해서는 깔끔하게 내려놓았습니다. 여러 번 시도해 봤지만 잘 안되더라고요. 또 검소함 대신 생활 규모에 맞게 멋을 내고, 돈을 조금 더 버는 방법을 연구하는 엄마로 살아가고 있습니다.

이렇듯 자녀에게 비춰지기 바라는 모습은 실천 가능한 영역이어야 합니다. 너무 완벽하려고 하면, 몸도 힘들지만, 마음의 병을 얻게 되니까요. 자기 자신을 자꾸 비난하게 되기도 하고요. 그리고 일관된 부모의 모습을 보여줘야 아이도 혼란스럽지 않습니다. 또 부모의 마음이 편안해야 아이의 정서도 안정적일 테고요.

| 도키코치의 한마디 |

자녀에게 신뢰를 얻으려면 자녀와의 약속은 꼭 지키세요.

부모가 일관된 태도를 보이면,

아이는 정서적 안정감을 느끼고,

부모를 따르게 됩니다.

자녀의 학습을 위해
말버릇부터 바꿔라

"진짜로 원하는 게 뭔가요?"

"어떤 삶을 살고 싶나요?"

코칭을 진행하며 학부모에게 이런 질문을 하면, 대부분 답을 못하거나 눈물을 흘립니다. 그러면서 "코치님, 제가 진짜 원하는 게 뭔지 모르겠어요. 어떤 삶을 살고 싶은 걸까요?"라고 되묻곤 합니다.

이렇게 자신에 대해 생각하지 못한 채로 살아가는 부모가 참 많습니다. 원인은 본인이 원하는 것보다 가족을 먼저 챙기고, 거기에 맞춰 사는 게 익숙해서입니다. 또 참고, 버티고, 자기감정을 외면하다 보면, 결국 자존감이 떨어지게 됩니다. 더욱이 자식만 바라보고 살던 엄마들은 아이가 사춘기에 접어드는 순간 외로움과 상실감을 느끼며 '빈 둥지 증후군'에 걸리기도 합니다. 정체성의 혼란을 겪는 거죠.

부모가 자녀의 성공을 간절히 바라는 건 당연한 바람입니다. 하지만 자녀의 성공이 곧 나의 성공이라고 여기는 부모는 자녀에게 커다란 부담을 줍니다. '네가 성공하지 못하면 내 인생도 실패한다.'라는 생각을 자녀에게도 심어주고, 자녀가 실수하거나 실패하는 것을 불안해하고, 힘들어하죠.

그런데 이 같은 부모의 감정은 자녀에게 고스란히 전달됩니다. '부모님이 불안해하네. 나를 믿지 못하나 봐.'라고 인식하게 되죠. 부정적인 감정은 긍정적인 감정보다 빨리 전해지니까요. 여기서 그치는 게 아닙니다. 부정적인 생각이 들면 부정적인 언어가 나도 모르게 나와요.

이를 방지하기 위해서는 긍정적인 사고로 빠르게 전환해서 부정의 기운을 밀어내야 합니다. 핵심은 다른 누구도 아닌 부모가 자기 자신에게 집중해야 한다는 점입니다. 그 누구도, 설령 내 속으로 낳은 자식이라 할지라도 내 마음대로 통제할 수 없지만, 내 생각과 감정은 내가 통제할 수 있거든요.

의도적으로 긍정의 환경 만들기

내가 하는 말을 가장 많이 듣는 사람은 누구일까요? 바로 나 자신입니다. 내가 한 말은 내 귀가 제일 먼저 들어요. 긍정적인 에너지를 가지기 위해서는 혼잣말도 긍정적으로 하고, 부정적인 말은 피해야 합니다. 무의식적으로 중얼거리는 말도 허투루 하면 안 돼요. "짜증 나.", "인생 고달프다.", "돈 버는 거 정말 힘들다."와 같은 말을 내뱉으면 정말 그런 삶으로 흘러갑니다.

이러한 이유로 저는 멘탈이 무너질 땐 긍정적인 말로 제 귀를 샤워합니다. 긍정 메시지가 가득한 책을 낭독하고, 강의를 들어요. 가끔은 대중 앞에서 강의하듯 동기를 불러일으키는 스피치를 하기도 해요. 특히 스피치는 샤워하면서 하는데, 가족들의 방해를 받지 않고 마음 편하게 이어갈 수 있어 제가 좋아하는 시간 중 하나이기도 합니다.

또 부정적인 말을 자주 하는 사람이 있다면, 그와의 만남은 되도록 피합니다. 사람은 하루에 오만가지의 생각을 하는데, 그들과 가까이하면 일상이 부정으로 물들어 갈 테니까요.

이처럼 긍정의 환경은 의도적으로 만들어야 합니다. 그중에서도 말버릇에 주의를 기울여야 합니다. 아이에게 화가 나는 순간에도 "그래 이게 너의 매력이지."라고 말하면 화가 조금 내려갑니다. 아이도 이 말을 들으면, 참고 있는 부모의 마음을 금방 알아차려 본인의 잘못을 반성하고요.

공부를 부르는 긍정의 언어

긍정의 말은 공부에도 영향을 미칩니다. "공부는 원래 힘든 거야.", "열심히 공부해야 해.", "아무 생각 하지 말고 공부나 해."라고 한다면 아이는 한숨부터 쉴 거예요. 그래서 저는 아이들에게 공부는 좋은 거라고 말합니다. "공부는 뭐든 될 수 있게 해주는 요술램프에 나오는 '지니' 같은 거야.", "이건 비밀인데, 아빠랑 엄마는 엄청난 유전자를 가지고 있어. 마흔이 넘은 나이에도 꿈을 향해 나아가고 있잖아. 공부는 꿈을 이루어 주는 멋진 도구야. 몇 년 후에는 엄청 유명해질지도 몰라. 근데 넌 이런 아빠·엄마한테서 태어났으니 얼마나 행운이야."와 같은 말을 끊임없이 해요. 그러면 아이는 "뭐야!"라고 웃다가도 "맞는 말인 것 같아."라며 한술 더 뜹니다.

한번은 "엄마 나는 수학이 재미없어."라고 말하는 둘째에게 "수학이 재미없구나. 혹시 수학이 어렵니?"라고 묻자 "어려운 건 아니고 그림 그리는 것에 비해 재미가 없어."라고 말했습니다. 이에 "넌 수학도 잘 이해하고, 그림도 잘 그려서 좋겠다."라고 했더니 아이가 어깨를 으쓱하며 수학 문제집을 기분 좋게 펼치는 게 아니겠어요?

기분 좋은 말은 더 나은 삶을 살 수 있도록 도와줍니다. 아이에게 힘든 순간이 와도 부모의 말을 떠올리며 버틸 거예요. 불평하면 성공과 점점 멀어지지만, 좋은 말을 하면 성공과 가까워진다는 진실을 명심하세요.

| 도키코치의 한마디 |

공부 잘하는 아이로 기르고 싶다면,
공부에 관한 언어를 긍정의 언어로 바꾸세요.
실제로 공부는 우리의 삶을 이롭게 하는 좋은 도구입니다.

부모와 자녀가 원활한 소통을 하려면 자기 자신의 마음을 먼저 알아야 합니다. 뒷 페이지의 감정 단어를 참고하여 '마음 이름표'를 붙여주고, 서로의 감정 상태를 나누어 보세요. 하루 단 5분으로 부모는 아이를, 아이는 부모를 알아갈 수 있습니다. 단, 포스트잇 활용을 권합니다. 좋은 기분만 든다면 괜찮겠지만, 나쁜 기분은 오래 머무르게 할 필요는 없으니, 마음을 확인하는 일회성에 그쳐도 충분하니까요.

마음 이름표

마음 :
이유 :

마음 :
이유 :

분류	감정 단어
기쁜 마음	감동하다, 고맙다, 기대되다, 기쁘다, 뿌듯하다, 사랑스럽다, 설레다, 안심되다, 자랑스럽다, 자신만만하다, 즐겁다, 편안하다, 행복하다, 힘나다
슬픈 마음	마음이 아프다, 미안하다, 섭섭하다, 속상하다, 슬프다, 실망하다, 아쉽다, 심심하다, 안타깝다, 외롭다, 후회되다
무서운 마음	걱정되다, 놀라다, 당황스럽다, 두렵다, 망설이다, 무섭다, 불안하다, 조마조마하다
싫은 마음	곤란하다, 괴롭다, 귀찮다, 밉다, 답답하다, 부끄럽다, 부럽다, 불편하다, 싫다, 지겹다, 피곤하다, 힘들다
화나는 마음	분하다, 억울하다, 짜증나다, 화나다

*출처: 초등상담나무, 『내 마음이 궁금해』 참고

PART

5

부모의
자기주도 마음코칭

몸과 마음이 건강한 아이를 키우려면, 양육하는 주체인 부모의 심신이 튼튼해야 합니다.
PART 5에서는 저분만 아니라 많은 학부모를 코칭하면서 강철 멘탈로 거듭나게 해준 방식
을 안내합니다.

무엇이든 나로부터 출발하라

당신은 누구를 위해 자녀를 키우고 있나요? 혹 고생 끝에 낙이 온다는 믿음으로 아이에게 맞추어 살고 있지는 않나요? 그렇다면 아이에게 무언가를 끊임없이 요구하는 부모가 될지도 모릅니다. 그리고 이러한 말을 서슴없이 하게 되겠지요.

"내가 누구를 위해서 이렇게 고생하며 사는데."

"착한 우리 딸. 아빠·엄마 말대로 할 거지?"

"아들, 내가 우리 아들 없으면 못 사는 거 알지?"

그런데 우리 세대는 이러한 말이 낯설지 않습니다. 많은 부모님이 가족과 자식을 위해 희생하며 살아간다는 이유를 빌미 삼아 많은 것을 바랐으니까요. 또 그런 태도가 고스란히 대물림되기도 하죠. 그로 인해 "더도 말고 덜도 말고 건강하게 커다오."라는 말은 새빨간 거짓말처럼 들리기도 합니다.

한편, 저 역시 부모님의 조건부 사랑이 제 삶 곳곳에서 영향력을 발휘하고 있습니다. 부모님이 만족하는 딸, 남편이 흡족해하는 아내, 아이들이 좋아하는 엄마가 되기 위해 노력하는 모습이 바로 그 증거입니다. 이렇게 남들이 나를 어떻게 생각하는지를 먼저 살핀다면, 조건부 사랑에 길들었다고 할 수 있습니다.

하지만 수많은 성공자와 자기계발서에서 말하듯 남의 시선은 중요하지 않습니다. 그런데도 우리는 언제나 타인에게 잘 보이기 위해 노력하죠. 아이러니하게도 이는 나를 사랑하는 사람들이 그렇게 살아야 한다고 가르친 결과입니다.

나의, 나에 의한, 나를 위한 육아

조건부 사랑의 세습을 끊고 싶다면 '아이를 위해서'라는 생각부터 바꿔보세요. 육아는 아이를 위해서 하는 게 아닌 '나의, 나에 의한, 나를 위한 것'이어야 하니까요. 이러한 의미에서 링컨 대통령이 '국민의, 국민에 의한, 국민을 위한 정치'를 주장하며 노예 해방과 민주주의를 위해 애썼듯, 부모는 조건부 사랑의 해방을 위해 노력해야 합니다.

이유인즉, 아이를 위해서라는 마음이 자리 잡으면, 부모 스스로 희생양으로 여길 가능성이 커지고, 아이가 뜻대로 되지 않으면 억울한 감정이 올라와, "네 학원비가 얼마인 줄 알고 있니?", "너 하나 잘 키워 보려고 이 고생을 하는데."와 같은 말로 부담 또는 상처를 주게 되거든요.

한번은 자녀 교육을 위해 집 평수를 줄여가며, 좋은 학군으로 이사 간 학부모와 상담을 했습니다. 이 엄마는 처음부터 끝까지 아이가 아닌 엄마 얘기만 했습니다. 요약하자면 집이 좁아서 불편하고, 학원비도 많이 들고, 직접 픽업을 해야 해서 일을 할 수도 없다고 했어요. 아이가 전학한 학교에 적응을 잘못하고, 학원 과제가 많아서 스트레스를 받는 것 때문에 상담받고 싶다고 했던 모습은 온데간데없고, 자신이 이만큼 희생하는데 아이가 왜 안 따라주는지 이해가 안 된다는 말만 늘어놓았습니다.

그런데 더 큰 문제는 따로 있습니다. 아이들은 흡수력이 좋은 스펀지와 같아서 부모가 하는 말과 생각을 그대로 쭉쭉 빨아 당겨서, 아이를 위해 희생하고 있다고 여기는 부모 밑에서는 아이도 행복하지 않다는 것입니다. 대신 부모의 눈치를 보며, 부모를 기쁘게 하고자 하는 데 집중하지요. 게다가 가정에서도 눈치를 보니, 어딜 가든 다른 사람의 시선을 살피게 됩니다.

내 아이가 눈치를 보며 살았으면 하는 부모는 없을 겁니다. 그러나 대부분의 부모는 아이가 눈치를 보는 것과 부모 말을 잘 듣는 것을 혼동합니다. 아이가 부모 뜻대로 움직이면 그저 착하다고 판단하고, 더 잘하기를 바라죠.

내 아이가 주체적으로 살기를 원한다면, 부모가 먼저 그렇게 살아야 합니다. 육아는 아이를 위한 것이 아니라, 철저하게 부모 자신을 위한 것입니다. 내가 원해서 아이를 낳았고, 내가 잘 키우고 싶어서 고군분투하는 것이며, 아이와 함께 행복하게 살기 위해 눈앞의 유혹을 뿌리치고 열심히 생활하는 것입니다.

부모 해방 선언

주체적인 부모가 되려면 무엇부터 해야 할까요? 먼저 '부모'의 정의를 다시 내려 보세요. 개인적으로 저는 부모는 나를 힘들게 하기보다 이롭게 하는 단어라고 믿습니다. 이 관점에서 부모가 아니라면 할 수 없었던 것을 떠올려 보세요. 아이가 없다면 지금 어떤 삶을 살고 있을 것 같나요? 아마도 상상이 잘 안될 겁니다.

이렇듯 아이가 나에게 안겨준 기쁨을 떠올린다면, 부모라는 이름의 무게가 다르게 다가올 거예요. 참고로 저에게 '부모'는 자유를 안겨준 낱말입니다. '황선희'와 '엄마'는 같은 사람을 지칭하는 말이지만, 내가 어떻게 불리느냐에 따라 생각의 크기와 마음의 그릇이 완전히 달라지니까요.

"여자는 약해도 엄마는 강하다."라는 말이 있듯 엄마가 된 후 저는 초인적인 힘을 발휘하며 살아가고 있습니다. 아이가 나를 부르면 자다가도 벌떡 일어나고, 아이가 배고프다고 하면 하던 일을 멈추고 아이에게 줄 음식을 준비합니다. 그 뿐만 아니라 아이를 잘 키우기 위해 책을 읽고, 더 좋은 교육과 더 나은 환경을 제공해 주고 싶어서 열심히 돈을 벌고 있어요. 이 모든 걸 아이를 위해서 한다고 생각하면, 힘든 순간이 닥칠 때마다 당장이라도 포기하고 싶겠지만, 나를 위해서 한다고 받아들이고 있어 열정이 샘솟습니다.

제가 그러하듯 나를 위한 육아는 누군가가 알아주지 않아도 억울하지 않습니다. 그 누구도 아닌 나를 위한 일이기에 아이들이 자라서 부모에게 공을 돌리지 않더라도, 만족감을 느끼게 됩니다. 이보다 더 좋은 게 있을까요? 아무리 내 자식이라고 해도 아이로 인한 만족은 대리 만족에 지나지 않습니다. 온전한 내 충족이 아닌 거죠. 그러니 아이와 자신을 분리하는 연습을 끊임없이 하세요. 그래야 아이도 부모로부터 멋지게 독립할 수 있어요.

안타깝게도 우리나라는 부모와 자식이 분리되지 못한 경우가 많습니다. 저 또한 부모님과 분리되지 못한 부분이 많습니다. 여전히 친정엄마가 우리 집 반찬을 챙기고, 살림에 관여하죠. 이따금 불편하기는 해도 이마저도 엄마의 삶이기에 존중해 드려요.

그렇다고 우리 딸들에게는 똑같이 하고 싶지는 않습니다. 이에 저는 오늘도 저를 키우고, 가꾸는 일상으로 채웁니다. 특히 '나는 나의, 나에 의한, 나를 위한 육아를 하고 있다.'는 확신이 있으니, 나 자신이 가치 있고 훌륭해 보입니다.

| 도키코치의 한마디 |
육아는 아이가 아닌 나를 위한 것입니다.
아이를 키우는 과정을 통해
나를 매일 계발하고, 다듬어 보세요.

'나 돌보기'로
강철 멘탈을 만들어라

딱 하나만 부족했던 나

"시간을 되돌려 아이가 태어난 시절로 돌아간다면 아이를 어떻
게 키울 것 같나요?"

　　루이제 린저의 『삶의 한가운데』를 읽고 독서 토론을 하던 중
누군가 한 질문입니다. 여기에 다양한 의견이 나왔는데, 대체로
"지금보다 더 잘 키우겠다."고 했어요. 그래서일까. 저는 한동안
멍하니 있을 수밖에 없었습니다. '어떻게 더 잘하지?' 싶었기 때문
입니다.

제가 육아를 잘해서 이런 생각을 한 건 아닙니다. 하지만 저는 제가 할 수 있는 최선을 다했기에 육아에 대한 미련이나 아쉬움이 없었습니다. 그래서 다른 회원들의 얘기를 한참 듣다가 이렇게 답했습니다. "나를 조금 더 돌보면서 아이를 키울 것 같아요."

저는 아이를 돌보기보다 저를 돌보는 게 훨씬 서툴렀습니다. 모든 촉각을 세워 아이를 키우는 데에만 몰두했지요. 16개월간 모유 수유를 해서 2시간 간격으로 잠을 깨야 했고, 예민한 아이를 키우느라 온 신경이 아이에게로 향했습니다. 자다가도 아이가 뒤척이면 벌떡 일어났고, 설거지하다가도 아이가 저를 부르면 쪼르르 달려가서 아이의 이야기에 귀 기울였습니다. 일할 때 발휘하던 최상화 강점 지능을 육아에 쏟아부었던 것이죠.

설명을 덧붙이자면, 저는 워크 홀릭 성향이 강한 편인데 '성취', '최상화', '발상' 강점 지능이 저를 일에 몰입하게 만들었습니다. 한 가지 성과가 나면 늘 그다음을 생각했어요. 어떤 일이나 취미에 익숙해지면 내일은 무엇을 할지 궁리하기 바빴습니다. 노는 것도 단순히 노는 게 아니라, 무언가를 배우면서 그게 무엇이든 하나라도 성취하는 걸 선호했습니다. 이것이 육아에도 발현되었던 듯합니다.

제가 자기 돌봄에 무척 서툴다는 것을 깨달은 건 라이프 코치 공부를 시작하면서부터입니다. 저에게 쉼은 몸이 아플 때 어쩔 수 없이 하는 행위였어요. 몸이 아플 때마다 성격처럼 몸도 둔했으면 좋겠다고 생각했어요. 하지만 제 마음을 들여다보는 연습을 하면서부터 성격이 둔한 게 아니라, 자기 돌봄에 서툴렀음을 알게 되었어요. 감성 지능(EQ)이 무척 떨어졌던 거지요.

참고로 두산백과에서는 EQ를 '자신과 다른 사람의 감정을 이해하는 능력과 삶을 풍요롭게 하는 방향으로 감정을 통제할 줄 아는 능력'으로 정의합니다. 이에 따라 EQ가 높은 사람은 갈등 상황을 만났을 때, 그 상황을 분석하고, 자신의 처지를 정확하게 인식하는 능력을 갖추고 있어, 감정적 대응을 자제함은 물론 다른 사람에 대해 공감적인 이해를 할 수 있습니다.

이렇게만 놓고 보면 EQ는 제게 그다지 어려운 영역도 아닙니다. 24년간 아이를 가르치며 학부모 상담을 해왔고, 사람과 관계 맺는 것도 좋아하니까요. 그로 인해 단 한번도 EQ가 떨어진다고 생각해 본 적도 없습니다. 하지만 저는 타인을 돌보고 이해하는 능력은 좋은 편이었으나, 정작 가장 소중한 저를 돌보고 이해하는 능력은 무척 낮았습니다.

제가 왜 그렇게 되었을까요? 아마도 저를 수식하는 '이름표'의 영향일 테지요. 그리고 그 이름표는 부모님이 붙여준 이미지일 가능성이 큽니다.

제 지인들은 저를 아이를 잘 키우는 사람, 타인을 잘 챙기는 사람, 자신감 넘치는 사람, 책임감이 강한 사람, 긍정적인 사람으로 봅니다. 저의 이름표인 것이죠. 단언컨대 이 모두 친정엄마가 늘 하던 "사람이 사람을 보면 반가워해야 한다.", "다른 사람에게 친절해야 한다.", "작은 것 하나라도 나누어 먹을 줄 알아야 한다." 와 같은 말을 듣고 자란 결실입니다. 이 외에도 사치스러운 사람, 정리를 잘 못하는 사람, 기계를 잘 못 다루는 사람과 같은 이름표도 있습니다. 다행히 부정적인 측면보다 긍정적인 측면이 많아서 나름 잘살고 있다고 여겼습니다.

하지만 여기에는 저를 알고, 돌보는 것에 관한 내용은 없었어요. 그 때문인지 저는 극한의 상황까지 저를 몰아붙이며 일하고, 방전돼서 쓰러지기를 반복했습니다. 몸이 아파서 쓰러지기도 했지만, 우울증과 번아웃이 찾아오기도 했습니다. 이대로는 안 되겠다 싶어서 전문가에게 상담과 코칭을 받던 중, 저는 자기 돌봄 능력이 무척 낮다는 것을 알게 되었습니다.

자존감이 높다고 확신했지만 정작 저를 돌보는 능력은 떨어졌던 것이지요. 나를 돌보는 것 또한 자아존중감의 연장선인데, 그걸 몰랐습니다. 그래서 저는 다음과 같은 이름표를 저에게 추가로 달아주었습니다.

나를 잘 아는 사람

나를 행복하게 해주는 사람

조금 게으르지만 나를 잘 돌보는 사람

나를 있는 그대로 인정해 주는 사람

몸과 마음이 건강한 사람

'자기 돌봄'은 자신에게 관심을 두고 보살피는 행위입니다. 이것이 익숙하지 않았던 저는 제 라이프 코치 스승인 케이코칭컴퍼니 대표 오은경 코치의 도움으로 저의 감정을 관찰하고, 수용하는 것부터 시작하기로 했습니다. 그녀가 만든 '오뚜기 자기 긍정 저널'을 작성하면서, 감정의 좋고 나쁨을 가리기보다 지금의 기분을 읽어주고, "내 마음이 이렇구나!"라고 담담하게 받아들이는 훈련을 했죠. 바쁠 때는 그냥 말로 하기도 했고, 여유가 있을 때는 글로 쓰면서 제 상태를 들여다봤습니다. 그랬더니 저를 인정하고, 공감하는 단계로 이어졌습니다. 예를 들어, "아, 오늘 집안일을 많이 해서 피곤하구나. 피곤한 상태에서 저녁 준비까지 하려니 짜증이 난 거고. 이런 상황에서 짜증이 나는 건 너무나도 당연해."라는 말이 자연스럽게 나오는 수준이 된 것입니다.

그제야 방치되어 있던 제 마음이 하나둘 보이기 시작했습니다. 처음엔 나에게 미안해서 오열하기도 했고, 한동안 잠만 자기도 했습니다. 두통과 어지러움에 시달리기도 했어요. 준비 중이던 프로젝트를 뒤로 미루고, 넉 달간 생활에 지장 없을 정도로 기본적인 일만 하고, 침대와 한 몸이 되어서 뒹굴뒹굴했습니다. 그동안 보지 않았던 소설을 질리도록 보기도 하고, 친구를 만나 마음껏 수다를 떨기도 했고요. 아무것도 아닌 것처럼 보일지 몰라도 저에겐 아주 큰 용기가 필요한 행동들이었습니다.

물론 늘 무언가를 해야 한다는 강박에 시달려 살던 제가 아무 것도 안 하고 지내니, 무척 불안하기도 했습니다. 하지만 저를 돌보는 트레이닝이라 믿고, 이 감정 또한 당연하다고 여겼습니다. 아래는 이러한 담금질을 통해 완성한 '자기 돌봄 레시피'입니다.

〈도키코치의 자기 돌봄 레시피〉

1. 감정 읽기: 오늘 내 마음은 ○○○이야.

2. 수용: 네 마음이 이렇구나,

3. 인정: 이런 마음이 드는 건 당연해.

4. 공감: 수고했어.

5. 감사: 오늘은 이런 감사한 일이 있었어.

6. 칭찬/응원: 이런 행동을 한 너를 칭찬해./세상에서 가장 소중한 너를 늘 응원하고 있어. 황선희 멋지다.

7. 성찰: 오늘 하루를 돌아보니 너는 이런 일을 겪을 때 유난히 힘들어 하는구나.

처음에는 시간이 오래 걸렸지만, 지금은 잠자리에 들기 전 10분~15분이면 충분합니다. 가장 눈에 띄는 변화는 생리 전 우울증과 완벽하게 일을 준비하는 강박증이 현저히 줄었다는 점입니다.

마음의 균형이 깨질 때면 당황하지 말고, 그 감정을 수용해 주세요. 감정은 좋고, 나쁨이 없습니다. 나의 감정 상태를 알아차리는 게 가장 중요해요. 저는 감정을 들여다볼 땐 양팔로 저를 안는 자세를 취하고 눈을 감습니다. 그리고 감정을 알아챈 후에는 토닥토닥 쓰다듬으며, 저에게 말을 건네요. "지금 네 기분이 이렇구나."라고요.

누구나 환경에 따라 멘탈이 쉽게 무너질 수 있지만, 그때마다 나를 있는 그대로 바라봐 주면, 오뚝이처럼 금방 다시 일어설 수 있습니다. 그러니 꼭 자기 돌봄 레시피에 따라 당신의 감정을 읽어보길 바랍니다.

| 도키코치의 한마디 |

자아존중감은 스스로를 믿는 것뿐 아니라,

자신을 잘 돌보는 과정을 통해 더욱 확고해집니다.

자기 돌봄은 부모의 멘탈 관리를 위한 필수 코스입니다.

생각 전환의
스위치를 달아라

평소 '때문에'와 '덕분에' 중 어떤 단어를 많이 쓰나요? 저는 아이가 어렸을 때 "아이 때문에"라는 말을 입에 달고 살았어요. 그랬더니 사랑하는 아이가 짐처럼 여겨지고, 급기야 육아 우울증이 찾아왔습니다. 육아가 인생의 무덤이 된 것이지요. 지금도 그 시절을 떠올리면 가슴이 답답합니다. 이것만 봐도 인생은 말하는 대로 흘러가는 것 같습니다.

저는 이 상태에서 벗어나기 위해 수많은 책을 읽고, 전문가에게 상담도 받았습니다. 그리고 부정적인 생각이 올라올 때마다 생각의 방향을 바꿀 수 있는 저만의 스위치를 만들었어요. 그건 바로 '때문에'라는 단어를 '덕분에'로 바꾸는 것이었습니다. 신기하게도 단어 하나 바꾸었을 뿐인데, 제 생각과 행동은 완전히 달라졌습니다.

까칠하고 예민한 아이들 덕분에 2,000권이 넘는 육아 책을 읽은 후 엄마 코칭을 하게 되었고, 18년간 책 육아를 한 덕분에 수학을 가르치던 제가 독서와 글쓰기를 가르치게 되었으니까요. 최근에는 동화 삽화 작가의 꿈을 꾸는 둘째 덕분에 작가의 세계를 알아보다가 글 쓰는 재미에 빠져 작가가 되었어요. 단언컨대 덕분에라는 단어가 저를 꿈꾸는 엄마로 만들어 주었다고 믿습니다.

저는 요즘 사는 게 참 즐겁습니다. 아이들 덕분에 끊임없이 새로운 일에 도전하고 있으니까요. 이처럼 인생의 방향이 바뀌는 마법 같은 단어를 당신도 한번 찾아보면 좋겠습니다.

말하는 대로 생각하는 대로

저는 힘들 때마다 흥얼거리는 노랫말이 있습니다. 바로 가수 이적과 국민 MC 유재석이 처진 달팽이로 팀을 이루어 만든 〈말하는 대로〉입니다.

말하는 대로 말하는 대로

될 수 있단 걸 눈으로 본 순간

믿어보기로 했지

마음먹은 대로 생각한 대로

할 수 있단 걸 알게 된 순간

고갤 끄덕였지

    살다 보면 좋은 일도 있고, 안 좋은 일도 있습니다. 좋은 일만 생기면 참 좋겠지만, 인생이 어디 그리 만만한 대상이던가요? 게다가 아이를 키우다 보면, 예측 불가능한 일이 종종 발생합니다. 아이의 기분에 따라 내 기분도 롤러코스터를 타듯 변하고요. 저만 하더라도 담백하고, 심플한 감정선을 유지해 오다가 아이 덕분에 풍부한 감정을 가진 사람으로 거듭났습니다. 이는 하루에도 수십 번 감정이 변한다는 것을 뜻합니다. 마음속에 긍정의 씨앗이 심길 때는 화창한 기분으로 살지만, 그렇지 않은 경우엔 잔뜩 흐린 기분으로 살아가지요.

    모든 건 마음먹기에 따라 달라진다고 하지만 결코 말처럼 쉽지만은 않습니다. 체력이 좋고, 기분이 좋은 날은 긍정적인 마음을 먹지만, 반대라면 부정적인 마음이 드는 게 사람이라는 존재입니다. 또 좋은 마음과 나쁜 마음이 싸웠을 때 무조건 좋은 마음이 이기면 좋겠지만, 이 역시 뜻대로 되지 않습니다. 먹이를 많이 준 쪽이 이기니까요. 좋은 생각을 많이 하면 좋은 마음이 이기고, 나쁜 생각을 많이 하면 나쁜 마음이 이깁니다.

그런 가운데 저는 될 수 없다고 생각하면 아무것도 되지 않지만, 될 수 있다고 믿으면 무엇이든 될 수 있다는 걸 〈말하는 대로〉 가사를 통해 새삼 깨달았습니다. 유재석 씨의 삶이 이를 증명하기도 하고요. 힘든 일을 만날 때마다 "난 할 수 없어."라고 포기하면. 아무것도 할 수 없어요. 그러면 사는 동안 계속 손해를 봅니다. 뭘하든 잘 안 돼요. 하지만 "왜 안돼?"라고 묻고, 되는 방법을 연구하면, 보이지 않던 길도 찾게 됩니다. 이렇게 써 놓고 보니 "왜 안돼?"라는 짧은 물음도 저의 사고를 확장해 주는 스위치네요.

"왜 안돼?"가 주는 힘

"왜 안돼?"는 자기에 대한 인정과 믿음이 있을 때 할 수 있는 물음입니다. 스스로 쓸모없는 존재라고 여기면 "난 할 수 없어." 하고 방법을 찾지 않습니다. 이런 부정적인 사고에서 벗어나려면 자신을 '훌륭하다.', '쓸모 있는 존재다.'라고 인정해야 합니다.

만일 어렵다면 큰 소리로 "난 훌륭하다. 난 쓸모 있는 존재다." 라고 말하면서 주입하세요. 우리는 주입식 교육에 익숙해서 그 누구보다 잘할 수 있습니다. 하지만 이 방법도 통하지 않으면 '만약 내가 훌륭하다면?', '만약 내가 이 일을 잘 해결할 수 있는 능력이 있다면?'이라고 상상하세요. 이렇게 하다 보면 '내가 훌륭한 사람일지도 몰라.', '내가 이 일을 잘 해결할 수 있을지도 몰라.'라는 생각으로 발전하게 됩니다. 이는 본인에 대한 믿음을 키워가는 훈련으로, 부정적으로 말하는 습관을 고쳐주고, 긍정의 기운을 채우는 효과도 있습니다.

하루 중 내가 하는 말을 가장 많이 듣는 사람은 누구일까요? 바로 자신입니다. 이러한 이유로 나에게 좋은 말을 많이 해줄 필요가 있습니다. 그 말을 먹이 삼아 뭐든 할 수 있는 용기가 생길 테니까요. 할 수 있단 걸 알게 되고, 고개를 끄덕이는 순간 'Why not?'의 마법이 당신의 삶에 펼쳐질 거예요.

저는 우리 아이들과 이 마법을 여러 번 경험했어요. 취미로 글을 쓰기 시작할 무렵 큰아이가 지나가는 말로 "엄마는 책 언제 써요?"라고 물었습니다. "책? 엄마가? 취미로 글쓰기 시작한 지 한 달밖에 안 됐는데? 책은 무슨 책이야." 그때 큰아이가 제게 한 말이 바로 "왜 안돼? 엄마잖아. 글을 쓰기 시작했으니 책도 쓰겠지. 엄마는 뭐든 할 수 있잖아요. 파이팅!"

이날 제가 느낀 감정은 '기쁨'보다는 '안심'에 가까웠습니다. 아이가 저를 믿어줘서 기쁘기도 했지만, '엄마라면 뭔들 못할까?' 라는 딸의 마음을 읽은 저는 '진짜 내가 뭔들 못할까?'라는 생각이 들었고, '이런 생각을 하는 우리 딸도 뭐든 할 수 있겠구나.' 싶어 서요. 자녀는 부모의 태도를 그대로 보고 배운다는 말을 실감하는 순간이었습니다.

우리 아이들은 뭔가 새롭게 시작할 때 "못 하겠어."라는 말을 하지 않습니다. 대신 '어떻게 해야 할까?'를 놓고 고민합니다. 고민이 끝나면 주저하지 않고, 목표를 향해 나아갑니다. 가다가 막히면 "엄마, 같이 방법을 찾아 줄래요?"라고 도움을 요청합니다. 아이들이 도움을 요청하면 저는 하던 일을 멈추고, "Why not?" 을 외치며 쏜살같이 달려가고요.

| 도키코치의 한마디 |

인생을 단단하고, 즐겁게 해줄 마법의 단어를 떠올려 보세요.
그 단어는 당신에게 긍정의 기운을 불러오는 스위치가 될 거예요.

인정하면 인생이 술술 풀린다

한때 미니멀리스트가 되고 싶었던 적이 있습니다. 미니멀리스트가 되면 제 삶이 가벼워지고, 집안일이 줄어들 것 같아서 미니멀 라이프에 관한 책을 두루 섭렵하고, 물건을 비우기 시작했어요. 현관, 거실, 주방을 비우는 건 쉬웠어요. 하지만 옷장과 책장을 비우면서 비움의 속도가 떨어졌습니다. 아무리 비워도 옷과 책이 넘쳐났으니까요. 게다가 옷과 책을 비우는 과정은 신나는 게 아니라 오히려 고통스러웠어요. 마음 같아서는 시원하게 다 갖다 버리고 싶었지만, 옷을 만질 때마다 주저하게 되고, 책을 뺐다가

꽂는 행동을 반복하고 있는 제 모습을 발견했습니다.

저는 비움을 잠시 멈추고, 이 저항감의 원인이 무엇인지를 곰곰이 따지다가, '나는 옷과 책을 정말 좋아하는구나!'라는 한 가지 사실을 깨달았습니다. 이에 옷을 좋아하게 된 시점으로 거슬러 올라가 보니, 아주 어린 시절부터였다는 걸 알게 되었어요. 태어나면서부터 옷에 쌓여 살았던 저는 옷을 통해 편안함과 설레는 감정을 느끼고 있었어요. 30년간 아동복 장사를 한 부모님 덕분에 옷은 나에게 떼려야 뗄 수 없는 분신 같은 존재였지요. 그로 인해 옷을 쇼핑하는 것으로 스트레스를 풀었고, 심지어 건전한 방법으로 스트레스를 관리하고 있다고 여겼습니다. 하지만 옷장 가득 쌓여 있는 옷을 마주하며, 제가 가진 외로움, 우울함, 관계에 대한 불신과 두려움을 마주했습니다.

그리고 '육아로 인해 지친 마음을 달래주기 위해서, 타인에게 좋은 모습을 보이느라 나를 제대로 돌보지 못한 보상으로 옷을 사준 건 아닐까?' 하는 생각이 들었어요. 그 순간 나름 스타일이 명확하다고 믿었지만, 옷은 나에게 그저 사탕에 불과했음을 인지했습니다. 울고 싶은 나에게 주는 위로의 사탕, 힘내라고 주는 응원의 사탕, 기분이 안 좋을 때 당 보충용으로 주는 사탕이었던 거예요. 그제야 그동안 옷을 왜 이렇게 많이 샀느냐고 자책하던 마음이 사라졌습니다. 또 '그동안 버티고 사느라 힘들었구나!'라고 위로의 말을 건네며 한참을 울었습니다.

저는 다시 시작한 옷장 정리에서 완벽하게 하자는 바람을 내려놨습니다. 그렇게 욕심내지 않고, 천천히 과거의 저와 마주하며 비움을 진행하다 보니, 비로소 '정갈함'과 '유니크'라는 제 취향이 보이기 시작했어요. 둘의 비중은 7:3 정도였고요. 적어놓고 봐도 참 상반되지만, 정갈한 삶을 추구하되, 유니크한 옷으로 인생의 즐거움을 더하고 싶은 게 바로 저였어요. 이렇게 옷장을 통해 제 성향을 파악함으로써 '단정함·편안함 70%, 유니크 30%'의 기준에 따라 옷장 비우기를 할 수 있었습니다. 워낙 특이한 디자인과 원색 계열의 옷을 좋아해서 쉽지 않았지만, 그때마다 제가 추구하는 삶을 떠올리며 버릴 것과 버리지 않을 것을 구분했어요.

고군분투 속에서 정리가 마무리된 옷장에는 이런 글귀를 써서 붙여두었습니다. 군이 표현하자면, 제 인생의 모토 정도가 되겠네요.

나는 다채로운 삶을 좋아하지만,
다채로움을 옷으로 표현하기에는
시간과 에너지가 너무 한정적이다.
삶은 정갈하게

먹거리는 소박하게
행동은 심플하게
발상은 다채롭게

미니멀리스트 선언 3주 후, 저는 234가지의 물건을 버렸습니다. 이는 제가 소유한 것의 1/5 정도의 분량입니다. 신기하게도 그 이후 재미있는 일이 일어났습니다. 비움이 삶의 즐거운 이벤트가 된 것이죠. 아마도 비우면서 '나'를 알아가는 시간이 행복해 생긴 변화가 아닐까 해요. 그래서 저는 이를 '나 인정 프로젝트'라고 이름을 붙이고, 주기적으로 물건을 정리해 나가고 있습니다.

고백하자면 저는 미니멀리스트가 아닌 내 삶에 윤기를 더하기 위해 에너지를 소모하는 것을 하나씩 정리해 가는 미니멀스타가 되고 싶습니다. 이러한 이유로 저는 제 일상 곳곳에 즐거움을 더하는 30%의 유니크함을 포기하지 않습니다. 설명을 덧붙이자면, 무채색의 옷만 입고, 집을 화이트 & 우드 계열로만 꾸미지 않습니다. 제 취향이 아니니까요. 참고로 저는 남들이 하는 대로 따라서 물건을 비우는 건 진정한 미니멀 라이프가 아니라고 생각합니다. 그렇게 시도했다가는 요요가 와서 물건이 차곡차곡 쌓일 테니까요.

한편, 저는 책에 메모하는 걸 좋아합니다. 남들에게 책을 빌려주기 힘들 정도로요. 이유인즉, 밑줄을 긋고, 메모하는 순간 복잡했던 머릿속이 정리되고, 새로운 아이디어가 떠올라서 멈출 수가 없거든요. 또 이를 발판 삼아 글을 쓰는 자양분으로 활용 중입니다. 이런 저에게 책을 대여하거나, 깨끗이 보고 중고로 판매하라고 한다면, 책을 읽는 내내 불편할 겁니다. 그럼 더는 독서를 즐길 수 없겠지요. 이를 간과하고, 무턱대고 책을 비우려고 했으니 그 과정이 힘들 수밖에요.

이처럼 저는 비움을 통해 나의 행동 원인을 찾고, 그 감정을 깊이 있게 느낄 수 있었습니다. 그 결과 더 긍정적인 방향의 선택을 하게 되었죠. 즉, 나를 있는 그대로 인정함으로써 제 안의 강점을 발견했어요. 예를 들어, 어떤 일을 할 때 눈에 보이는 성과가 없으면 괴로워하는 저를 인정하니 '성취'라는 강점이 있다는 걸 알게 되었고, 책에 끊임없이 메모하는 모습을 인정하니 '발상'이라는 강점으로 인해 그 행위를 즐긴다는 걸 알게 되었습니다.

내 삶을 정리해주는 '나 인정'

'나를 인정하자.'라고 마음을 먹은 뒤 저에겐 신기한 일이 계속 생기고 있습니다. 어떤 일을 할 때, 나에게 어울리는지 아닌지를 금방 알아차릴 수 있게 되었고, 일에 집중하는 시간이 늘었습니다. 덕분에 미래를 떠올리면 항상 불안했는데, 이제는 희망차기까지 합니다. '나 인정'을 통해 긍정의 에너지가 올라간 거죠. 경제적 상황도 과거보다 훨씬 좋아졌고, 남편과의 관계도 더욱 좋아졌습니다. 그뿐만 아닙니다. 스트레스를 쇼핑으로 풀던 과거와 달리, 글을 쓰거나 함께 책을 읽는 글벗들과 이야기하는 것으로 해소하면서 옷을 사던 돈은 재테크에 할애 중입니다.

실제로 개인의 좋은 면을 알아보고, "그렇다."고 수용하면서 말해주는 인정의 효력은 어마어마합니다. 지지하고, 격려하면서 긍정적인 면을 강조하다 보면, 존재 자체로 귀하다고 믿게 되니까요. 저는 그 힘을 나 인정으로 직접 경험했고, 긍정 에너지를 채우는 방법까지 터득했습니다. 이로써 저는 제가 마주하는 모든 곳에 나 인정 기술을 적용하고 있습니다. 상대의 긍정적인 부분이나 가치를 발견하고, 그렇게 생각한 이유와 감정을 전달하는 거죠.

"엄마는 네가 너의 꿈을 위해 노력하고 있는 그 과정을 칭찬해."
"당신도 일하기 싫은 날이 있을 텐데, 내색하지 않고 열심히 일하는 당신 덕분에 우리가 마음 편히 살고 있어요."
"이번 주에 인증을 빠트리지 않고 잘했네요."
"시험 치르느라 힘들었을 텐데 시험 끝나자마자 책을 읽고 기록했네. 정말 잘했어."

"기계를 잘 다루지 못하는 내가 답답할 텐데, 짜증 내지 않고
잘 설명해 줘서 고마워요."

인정하기는 상대의 행동이나 상황을 긍정적인 방향으로 재해
석하게 합니다. 자연스레 긍정 에너지가 올라갈 수밖에 없죠. 이
를 잘 해내고 싶다면, 자신의 긍정적인 면에 주목하는 연습부터
해보세요. 당신은 당신이 생각하고 있는 것보다 훨씬 멋진 사람입
니다. 좋은 점과 나쁜 점은 관점의 차이일 뿐이고요. 그러니 좋은
점도 나쁜 점도 받아들이세요. 그리고 스스로 훌륭하고 멋진 사람
임을 인정해 주세요.

| 도키코치의 한마디 |

우리는 모두 인정 욕구가 강합니다.
마르지 않는 우물처럼 계속해서 올라오는 인정 욕구를
해결할 수 있는 유일한 방법은
자기 자신을 스스로 인정해 주는 거예요.

감사로 삶을 재해석하라

"감사합니다.", "고맙습니다."라는 말을 하루에 몇 번 하고 있나요? 저는 감사의 표현을 우리 아이들에게 가장 많이 하고 있어요. 하교하는 아이에게 "오늘도 무사히 돌아와 줘서 고마워."라고 인사하고, "엄마 딸로 태어나줘서 고마워.", "이렇게 예쁘게 자라줘서 고마워.", "오늘도 엄마를 행복하게 해줘서 고마워."라고요. 써놓고 보니 경우에 따라서는 오글거릴 수도 있겠네요.

한번은 친정엄마가 "애들한테는 고맙다는 말 잘하면서 나한테는 왜 안 하노?"라고 해서 깜짝 놀랐어요. 생각해 보니 엄마에게 는 "힘들게 왜 했어?"라는 말을 많이 쓰고 있더라고요. 엄마는 기 쁜 마음으로 저를 도와주는 건데, 저는 엄마의 마음보다 엄마의 수고가 먼저 눈에 들어왔던 거죠. 가령, 엄마가 반찬을 해오면 "엄 마가 반찬 안 해줘도 나 잘 먹고 살아요. 내 걱정 하지 말고 아줌마 들이랑 맛있는 거 드시면서 재미있게 지내세요."라고 했던 거죠.

이날 이후 저는 양가 부모님께 고맙다는 표현을 자주 하려고 애씁니다. 시어머니께는 가끔 "어머니, 이렇게 멋진 아들을 낳아 주셔서 감사합니다."라고 합니다. 그러면 "선희 네가 잘 맞춰서 사 니깐 그렇지. 우리 아들 고집이 보통 아닌 거 내가 다 안다. 우리 며느리 고맙데이."라며 제 편을 들어줍니다. 이렇게 감사의 표현 은 고부간의 갈등을 줄여주기도 합니다. 왜냐하면 '감사합니다.' 에는 '덕분입니다.'의 뜻도 담고 있으니까요. 제가 어머니와 주고 받은 말을 예로 든다면, "어머니 덕분에 제가 멋진 남편과 살고 있 어요.", "네 덕분에 우리 아들이 마음 편히 살고 있다."로 재해석 할 수 있습니다.

감사의 말은 듣는 이의 가슴을 따뜻하게 해줍니다. 따뜻한 마 음이 가득 차면, 그 감정을 누군가와 나누고 싶겠죠? 이처럼 감사 는 전염성이 아주 강해서 내 주변 분위기도 행복하게 데웁니다.

그러면 갈등도 줄어들고, 마음 부자가 되는 거지요.

삶을 재해석하게 해주는 감사

감사는 삶을 재해석하게 해주기도 합니다. 사소한 것도 자세히 들여다보면 감사한 것 천지예요. 이 자리를 빌려 감사한 일을 한 번 나눠볼까요? 오늘 하루 무탈하게 보내 감사, 아프다면 아프지 않았던 날에 감사, 문제를 해결했다면 해결책을 구할 수 있음에 감사, 부모님이 편찮으시면 부모님을 조금 더 생각할 수 있음에 감사, 부부간에 문제가 생기면 현재 우리 부부의 모습을 돌아보고 관계를 조율할 기회를 얻어서 감사, 아이가 말썽을 부리면 나를 돌아볼 수 있음에 감사 등 이외에도 무수히 많습니다.

감사의 감정은 우울한 마음과 불평을 없애주기도 하는데요. 이는 미국 하트매스연구소의 론린 맥크러티 박사의 연구를 통해서도 증명되었는데, 그는 여러 연구를 바탕으로 사람의 몸과 마음을 최상의 상태로 편안하게 유지하는 방법 가운데 '진심으로 감사함을 느낄 때' 심신이 가장 편안해진다는 사실을 발견했습니다.

하지만 이러한 감사는 굳이 찾지 않으면 스쳐 지나게 됩니다. 이에 저는 매일 '세 가지의 감사'를 기록합니다. 하루를 돌아보는 저녁 시간에 하루를 돌아보는 글을 쓰며, 마지막에 오늘 감사했던 세 가지를 메모합니다. 참고로 이과적 성향이 강한 저는 의식의 흐름대로 글을 길게 쓰는 것을 좋아하지 않습니다. 시도해 보지 않은 건 아니지만, 꾸준히 지속하기가 힘들더라고요. 그래서 아주 간단한 형식으로 씁니다.

3개의 감사를 쓰려면 자연스레 오늘 하루 중 특별히 감사한 일을 떠올리게 됩니다. 여러 상황이 떠오를 때도 있고, 그렇지 않을 때도 있어요. 전자의 경우에는 나름의 이유를 붙여 순위를 매깁니다. 그러면 그날 하루가 빠른 속도로 정리됩니다. 그리고 매월 마지막 날에는 그달에 쓴 감사 노트를 읽으며, '나는 이렇게 많은 감사를 받으며 살았구나!', '내 삶이 정말 풍족하구나!', '오늘 하루도 저에게 허락해 주셔서 감사합니다.'라는 충만한 행복을 만끽합니다. 당연히 즐거운 마음으로 다음 달을 맞이할 수 있죠.

쿨한 부모로 만들어 주는 감사

아이들이 좋아하는 부모는 쿨(cool)한 엄마가 아닐까요? '쿨하다'의 사전적 의미를 찾아보니 '꾸물거리거나 답답하지 않고 거슬리는 것 없이 시원시원하다.'라는 뜻이 있었습니다. 하지만 저는 이렇게 정의하고 싶습니다.

1. 아이들에게 혼낼 건 혼내고, 넘어갈 건 넘어가고, 과거에 있

었던 일은 되묻지 않는 부모

2. 과거에 얽매이지 않고, 시원시원하게 현재와 미래를 향해 나아가는 부모

3. 아이들에게 문제가 생겼을 때 대범한 마음으로 대하는 부모

4. 자녀에게 질척거리지 않고, 자신의 삶을 잘 살아가는 부모

5. 모든 걸 너무 심각하게 생각하지 않는 부모

감사 이야기를 하다가 갑자기 쿨한 부모로 화제를 전환해서 의아했겠지만, 감사는 아이들이 좋아하는 쿨한 부모를 만들어 주는 지름길입니다. 아이들에게 문제가 생겼을 때, 부모도 덩달아 문제에 빠지면 헤어 나올 수가 없어요. 걱정은 또 다른 걱정을 낳으니까요. 대신 걱정을 감사로 바꾸어 보세요. 아이가 공부를 못해서 걱정이면 '공부 이외에 다른 재능이 있는지 찾아볼 기회가 주어져서 감사하다.'라고 여기고, 아이를 세심하게 관찰하세요. 친구와 갈등이 생기면 아이의 마음이 단단해질 기회가 주어진 거고요. 물론 당장은 마음이 많이 아플 거예요. 하지만 '이만하길 다행이다.'라는 마음으로 부모가 의연하게 대처하면, 아이 마음에 난 상처도 빨리 아물 거예요.

모든 걸 너무 심각하게 생각하는 부모는 아이의 마음을 답답하게 합니다. 과거에 집착하게 하기도 하고요. 하지만 감사는 현재

를 살게 해줍니다. 지금 당장 감사한 게 무엇인지 떠올리다 보면 오늘에 집중하게 되거든요. 혹시 과거가 나의 발목을 붙잡고 있다면, 과거의 나에게도 감사의 마음을 전하세요. "과거의 네가 있었기에 지금의 내가 있는 거야, 고마워."라고 근사하게 작별 인사를 나누세요.

만일 지금의 내 모습 또는 아이의 모습이 마음에 들지 않더라도 거기에 집착하지 말고, 감사한 마음을 전하세요. 사실 저는 요즘 살이 찐 제 모습이 마음에 들지 않습니다. 코로나 이후 체중이 6kg이나 늘었거든요. 이런 나에게 옷이 맞지 않는다며 짜증을 내봤자 아무런 도움이 되지 않습니다. 나 자신이 더 싫어질 뿐이죠. 그래서 저는 "지난 3년간 집에서 아이들을 지키고, 새로운 일에 도전해 줘서 고마워. 운동할 시간도 없이 바쁘게 사느라 수고가 많아. 바쁜 와중에도 체중을 줄여야겠다고 마음먹어 줘서 고마워."라며 고마움을 전합니다. 이처럼 나에게 감사의 말을 전하면 살이 찐 내 모습에 집중하는 게 아니라, 체중을 줄일 수 있는 방법을 찾게 됩니다. 부정적인 방향으로 흐르던 에너지가 긍정적인 방향으로 바뀌는 거죠.

아이에게도 똑같이 적용해 보세요. 아이가 부모보다 친구를 더 좋아하고, 공부보다 노는 걸 더 좋아할 때 걱정하기보다는 "이제 더 넓은 세상을 향해 나아가는구나! 친구 없이 외롭게 지내지 않아서 다행이고, 나이에 맞게 사춘기가 와서 고마워. 대학 가서 사춘기를 겪는 게 더 무섭대. 지금 실컷 해라. 아빠·엄마는 너를 응원하고 있을게."라고 쿨하게 아이의 사춘기를 반겨주는 거죠. 그러면 아이는 "역시 우리 아빠·엄마야."라며 웃어줄 겁니다.

| 도키코치의 한마디 |

감사는 자족하는 마음을 갖게 하고,
삶을 풍요롭게 해주는 최고의 선물입니다.

시간 관리는 나답게 하라

"하루가 어떻게 흘러가는지 모르겠어요. 아이와 함께 책을 읽어야 한다는 건 알지만 시간이 없어요. 코치님은 그 많은 일을 어떻게 다 하세요?"

어느 날 아이 네 명을 키우는 엄마가 지친 목소리로 저에게 이런 하소연을 했습니다. 이에 저는 "아이가 네 명이면 네 개의 기업을 경영하는 건데, 시간이 어떻게 흘러가는지 모르는 게 당연하죠. 기업이 네 개면 회장님이네요. 네 개의 기업을 가진 회장님은 시간 관리를 어떻게 할지 한번 상상해 보세요."라고 답했습니다.

사실 시간 관리에 관해서는 공부법에 대한 내용만큼 많이 받는 질문입니다. 그만큼 잘 안된다는 말이지요. 그럴 때마다 저는 시간을 분 단위로 나누어서 기록하는 시계부를 작성해 볼 것을 권합니다. 마치 CCTV에 찍힌 내 모습을 확인한다는 마음으로 하루 세 번, 시간을 정해서 일상을 돌아보는 겁니다. 저는 점심 식사 후, 저녁 식사 후, 잠자기 전에 진행합니다. 이렇게 하면 하루를 세세하게 복기할 수 있어요. 기간은 한 달이 좋습니다. 그 이유는 뒤에 시계부 관리의 장점에서 자세히 설명하겠지만, 요약하자면 요일별로 시간을 어떻게 쓰는지, 엄마라면 월경 주기에 따라 컨디션이 바뀔 수 있으니 설정한 기준입니다.

시계부를 기록하면 내가 생각하는 내 모습과 실제 내 모습이 얼마나 다른지를 알게 됩니다. 예를 들어, 오전 내내 집안일을 한다고 여겼지만, 실상은 누군가와 통화 또는 메시지를 주고받는 시간이 많을 수도 있고, 아이와 함께하는 시간에 아이에게 집중하지 않고, 다른 일을 하고 있을 수도 있습니다. 저 역시 시계부를 작성하면서 생각보다 아이와 함께하는 시간이 많지 않고, 집중해서 일할 수 있는 시간이 예상보다 적다는 사실을 간파하면서 적잖이 놀랐습니다.

특히 주부는 여러 가지 일을 동시에 진행합니다. 집안일, 육아, 자기 계발, 취미 생활, 맞벌이하는 경우는 업무까지 해야 하죠. 집안일만 해도 정리 정돈, 청소, 빨래, 요리 등 해야 할 게 한두 가지가 아닙니다. 이러한 이유로 주부는 그 누구보다 시간 관리를 잘해야 합니다. 시간 관리를 잘하지 못하면, 말 그대로 시간이 어떻게 흘러가는지 모릅니다. 아마 학교에 간 아이가 금방 집에 돌아오는 듯한 느낌을 경험했을 거예요. 아이 등교 후 운동, 독서 등 자기 계발을 하겠다고 한 다짐은 온데간데없고, 스마트폰이나 TV를 보다가 아이를 맞이하기도 했을 거고요. 그런데 시계부를 활용하면 아래와 같은 긍정적인 효과 덕분에 이 같은 상황에서 벗어날 수 있습니다.

첫째, 시계부는 하루를 객관적으로 볼 수 있게 해줍니다. 내가 어떻게 시간을 사용하는지부터 하루 중 집중해서 쓸 수 있는 시간과 일할 때 소요되는 시간 등을 알게 해줍니다.

둘째, 요일마다 시간을 어떻게 할애하는지를 파악할 수 있습니다. 저는 시계부를 통해 요일마다 에너지가 다르다는 걸 알게 되었는데, 월요일과 목요일에 기운이 많이 떨어지는 타입이었습니다. 원인을 찾은 결과, 월요일은 월요병이, 목요일은 사흘간 최선을 다해 살아낸 열정이 힘들게 하고 있었습니다. 이러한 정황을 발견하고 나니 '왜 그럴까?'라며 답답해하기보다 눈앞의 현실을 있는 그대로 수용하게 되었습니다.

셋째, 월경 주기별로 나의 감정 상태와 에너지가 다름을 알 수 있습니다. 이는 엄마들에 한한 부분인데요. 여성은 매일 호르몬이 다르게 분비됩니다. 그 영향으로 신체적·정신적·감정적 변화를 겪지요. 여러 학부모와 상담하면서도 생리 전 증후군으로 몸이 아프고, 우울해진다는 얘기를 종종 듣습니다. 하지만 시계부를 관찰하면, 월경 주기에 따른 나의 행동 패턴을 분석할 수 있으니 일주일에 가까운 시간을 마냥 다운된 기분으로 보내지 않을 수 있죠. 그 감정에 미리 대비하면 되니까요.

한마디로 시계부는 자기 자신을 제대로 알게 해주는 도구입니다. 저도 시계부를 쓰면서 하루를 빡빡하게 채우는 계획형 인간이기보다, 조금은 느슨한 삶을 선호하는 사람이란 걸 인지했습니다. 일하다가 지치면 좋아하는 사람과 통화하며 에너지를 얻고, 청소하기보다 책 읽는 시간이 더 많고, 아이들에게 집중할 수 있는 시간이 저녁 2시간 밖에 없다는 것도 알게 되었어요. 그리고 새벽보다는 밤에 집중력이 좋았고, 업무 능률이 높은 시간은 오전 9시부터 12시, 밤 10시부터 12시였습니다. 월경 주기별로 보면 배란 전까지는 에너지가 올라가고, 배란 후부터는 점점 떨어졌습니다.

이렇게 나의 시간 씀씀이에 대한 이해도가 높아지니, 시간을 더욱 효율적으로 활용할 수 있게 되었습니다. 시계부가 안겨준 선물인 셈이죠.

앞서 말했듯 느슨한 일상을 좋아함에도 요즘 표현으로 영끌한다(영혼까지 끌어 모은다)고 할 만큼 몰입하는 시간이 있습니다. 상대적으로 집중이 잘되는 시간에 할 일의 70% 이상을 마무리하는 것이죠. 이때 계획한 업무를 시간 단위로 쪼개기보다 분량을 정해둡니다. 이에 따라 저의 오전 3시간은 초능력을 장착하는 시간으로, 일을 하기 전에 눈을 감고 '지금부터 초능력을 발휘할 거야. 이 능력은 3시간밖에 쓸 수 없어. 3시간 뒤에는 이 일이 마무리되어 있을 거야. 너는 초능력자니까 당연히 할 수 있어.'라고 암시를 합니다. 이렇게 집중해서 70%의 일을 마무리하면, 남은 일은 천천히 해도 되기에 하루가 여유롭습니다.

이뿐만 아니라, 저는 새로운 일을 시작할 때도 같은 비율을 따집니다. 70% 이상 준비되지 않으면 시작하지 않습니다. 아이들에게 새로운 공부법을 적용할 때도 마찬가지예요. 70% 이상 준비되지 않으면, 마음에 여유가 없어서 일을 그르치게 된다는 걸 몇 번의 경험으로 알게 된 후 이 법칙을 고수 중이죠.

일할 때 초능력을 장착해야겠다고 생각한 건 전설의 프로그래머 나카지마 사토리가 쓴 『오늘, 또 일을 미루고 말았다』를 읽으면서부터예요. "시간을 모른 채 일을 하면 결국 실패로 이어지고, 일의 본질을 고민하지 않으면 언젠가는 발목을 붙잡힌다."라는 그의 말에 이끌려서 책에 소개된 '로켓 스타트 시간 관리법'을 저에게 적용했습니다.

아이들과 함께하는 시간에도 예외 없이 응용하며 집중하고 있는데, 아래와 같이 엄마로서 해야 할 일을 적어두고 실행 여부를 점검합니다. 황선희의 To Do List가 아닌 엄마의 To Do List를 작성하는 것이죠.

1. 아침에 아이를 깨우며 사랑한다고 말하기
2. 비타민, 한약 챙기기
3. 식사 전에 포옹하기
4. 아침 식사하며 '마음 이름표' 나누기
5. 물통 챙기기
6. 하교 후 오늘도 무사히 돌아와 줘서 고맙다고 말하기
7. 저녁 식사하며 오늘 하루 어땠는지 나누기
8. 저녁 식사 후 아이와 함께 책 읽고, 학습 체크하기
9. 자기 전 유산균, 한약, 척추 교정 장치, 양치 상태 확인하기
10. 굿나잇 인사하기

이렇게 부모로서 해야 할 일을 구체적으로 적지 않으면, 자녀 교육을 체계적으로 할 수 없어요. 이렇게 말하면 공부에 관한 스케줄은 어떻게 관리하느냐고 궁금해할 수 있는데, 그 부분은 아이의 To Do List에 적어두면 됩니다.

한편, 부모가 초능력을 발휘하는 시간을 따로 설정해 두면, 아이도 그 영향을 받습니다. 설명을 곁들이자면, '수학 문제집 2장 풀기, 연산 문제집 1장 풀기, 학교 숙제, 영어 학원 숙제, 교과서 노트 정리, 복습, 성경 읽기, 성경 암송'은 초등학교 6학년인 둘째가 하루에 소화하는 학습량입니다. 여기에 더해 제가 운영하는 도키교육 프로그램 '슬기독(고전 읽기)', '비문 3독(비문학 읽고 요약하기)' 훈련도 하죠. 이 가운데 주 3회 진행하는 것도, 주말에 이뤄지는 것도 있지만, 2시간 안에 충분히 해내요. 이런 딸의 모습을 볼 때마다 저처럼 초능력을 장착해 학습을 이어가고 있다고 믿게 됩니다.

학습계획 세우기

고백건대 저는 계획대로 사는 게 참 힘듭니다. 일단 재미가 없어요. 하지만 일을 잘 수행하기 위해 계획을 세우고, 실천하며 살고 있죠. 그래서 제가 MBTI 성격 유형이 ESFP형이라고 하면 다들 놀랍니다. ESFP를 한마디로 표현하자면 자유로운 영혼으로, 결코 계획적일 수 없거든요. 반면, 저는 일을 할 때는 계획을 세워서 진행하고, 시작한 일은 고도의 집중력으로 끝장을 보고 마니까요.

물론 이렇게 되기까지 많은 시도를 했고, 그만큼 실패도 경험했습니다. 그 가운데 '나름 철두철미한' 지금의 저를 만들어 준 무기가 있습니다. 바로 '작심삼일 계획표'입니다. 작심삼일은 모두가 알고 있듯, 단단히 먹은 마음이 사흘을 가지 못한다는 뜻으로, 결심이 굳지 못함을 이르는 말입니다. 이에 저는 사흘에 한 번씩 다짐하기로 하고, 이 방식을 꾸준히 실천하고 있습니다.

저의 '작심하는 날'은 월요일과 목요일입니다. 월요일은 한 주의 계획을 세우며 마음을 굳게 먹고, 목요일은 가능하면 오전 스케줄을 비워 남편과 함께 산책하거나, 맛집을 다니며 에너지를 충전합니다. 더불어 행복한 삶을 유지할 방법을 궁리하면서 활력을 불러일으킵니다.

이런 저의 패턴에서 느꼈는지는 모르겠지만, 제가 계획을 세우는 이유는 일을 잘하기 위해서라기보다는 더 나은 삶을 살기 위해서입니다. 지금보다 풍요롭고, 행복한 삶을 위해서 오늘 하루를 열심히 사는 거죠.

누구나 매일 마음을 굳게 먹고, 목표를 향해 달리기만 하면 금세 지치고, 재미가 없을 거예요. 하지만 저처럼 일주일에 두 번만 단단하게 마음을 먹고, 나머지 이틀은 굳게 먹은 마음의 힘으로 살아가 보세요. 그럼 신기하게도 사흘간은 궤도에서 벗어나지 않고 계획한 대로 잘 굴러갑니다. 그리고 그 뒤엔 일요일이라는 달콤한 쉼이 기다리고 있고요.

시간을 지배하느냐 시간에 지배당하느냐의 차이는 계획과 실천에 있습니다. 시중에 나와 있는 시간 관리에 관한 책을 읽거나, 강의를 들으며, 자신에게 맞는 방법을 찾아보세요. 바인더에 세세하게 기록하며 시간을 관리할 수도 있고, 저처럼 블록으로 나누어서 느슨하게 관리할 수도 있습니다.

중요한 건 나를 알고, 계획을 세우는 거예요. 남들이 아무리 좋다고 해도 나에게 맞지 않으면 과감하게 버리세요. 맞지 않는 옷을 입고 있으면 종일 불편하듯, 시간 관리도 나에게 맞아야 지속할 수 있습니다.

| 도키코치의 한마디 |
시간은 모두에게 공평하게 주어졌지만,
어떻게 관리하고 쓰느냐에 따라 내일이 달라집니다.
나에게 맞는 시간 관리 방법을 찾아서 지속해 보세요.

파도타기 글쓰기로
셀프 코칭하라

자녀를 키우는 건 파도타기와 비슷한 것 같아요. 어떤 상황을 마주할지 쉽게 예측이 되지도 않고, 피할 수도 없으니 말이에요. 참고로 파도는 해안가에 있을 때는 금방 피할 수 있지만, 해안과 멀어질수록 고스란히 맞아야 합니다. 이와 마찬가지로 아이가 어릴 땐 부모가 통제할 수 있는 부분이 많지만, 아이가 자랄수록 그렇게 하지 못하는 게 많아지죠.

이러한 이유로 저는 아이와 관련한 파도 앞에서 포기하고 돌아서지 않기 위해 이런 메모를 적어 여기저기에 붙여두었습니다.

아이 손을 잡고 함께 파도를 타라.
피할 수 없으면 배워라.
파도 타는 법을 배워서 아이에게 가르쳐라.
하나의 보드 위에서 아이를 등에 업고 타다가
아이가 조금 자라면 아이의 손을 잡고 타고,
조금 더 자라면 각자의 보드 위에서 함께 파도를 타는 게 인생
이다.
아이가 성인이 되었는데도 엄마와 같은 보드를 타면 어떻게 되
겠는가?

아이는 초보 서퍼입니다. 바다에 나가기 위해서는 코치의 지도
가 있어야겠죠. 코치는 누구일까요? 바로 부모입니다. 코치의 지
도를 잘 받는다면 크게 다치지 않고 보드를 타겠지만, 그렇지 않
으면 넘어지고, 다치거나, 파도타기가 뜻대로 되지 않아서 화가
나기도 할 겁니다. "이따위 파도 안 타면 그만이지!" 하고 보드를
집어던지기도 할 거예요. 하지만 바다로 나가려면 반드시 보드를
탈 수 있어야 해요.

보드 위에서 균형 잡는 법, 앞으로 나아가는 법, 보드가 뒤집혀

서 바다에 빠졌을 때 대처하는 법 등 배워야 할 게 많지만, 험한 파도에 맞서 싸우려면 결코 무시할 수 없는 과정입니다. 게다가 이건 누가 대신해 줄 수도 없어요. 오롯이 아이 스스로 익혀야 합니다. 그러므로 코치인 부모는 아이가 파도를 잘 탈 수 있도록 안내해 주되, 기다려 주기도 해야 합니다. 이 단계를 잘 넘기면, 잔잔한 파도에서 점차 큰 파도에서 놀게 되고, 어느 순간부터는 더 큰 파도를 기다리게 될 거예요.

사실 잔잔한 파도는 안정감은 있겠지만, 서퍼에게 재미를 주지는 못합니다. 늘 잔잔한 파도를 탄다고 생각해 보세요. 저는 가만히 누워서 하늘을 보는 장면이 떠올라요. 반짝반짝 빛나는 바다 위에 누워있으면 정말 평화로울 거예요. 하지만 이런 삶이 매일 펼쳐진다면? 참 무료하고, 지루하겠죠? 아이도 마찬가지라고 봅니다.

파도타기 글쓰기로 더 나스럽기

저는 성인이 된 부모도 여전히 무수한 파도를 만나고 있다고 생각합니다. 지금까지 숱한 파도를 만나고, 넘으면서 노련미는 생겼겠지만, 인생은 끊임없이 파도를 보내오니까요. 그래서 저는 인생이라는 파도를 더 잘 타기 위해 매일 글을 씁니다. 책을 쓰듯 작정하고 쓴다기보다 얕은 바다에서 연습하듯 짧은 글을 씁니다. 토해내듯이 감정을 쏟아내거나, 일과를 기록하는 용도는 아니에요.

그저 서핑을 위한 기초 훈련을 하듯이 양식에 맞추어서 작성합니다. 그래서 '파도타기 글쓰기'라고 이름을 붙였죠. 쓰는 방식은 아래와 같은데, 기대 이상의 긍정적 효과를 선물해, 매번 놀라고 있습니다.

〈파도타기 글쓰기 규칙〉

1. 사건을 객관적인 시선으로 바라보기
2. 상황을 바라보는 나의 마음이 어떠한지에 집중하기
3. 나를 충분히 위로하기
4. 나 스스로 그 어떤 판단이나 평가하지 않기

〈파도타기 글쓰기 방법〉

1. 사건: 생각나는 사건이나 사람에 대해 관찰자의 입장에서 객관적으로 쓰기
2. 감정: 해당 상황을 바라보는 나의 감정 적기
3. 욕구: 해당 상황에 대한 나의 욕구 들여다보기
4. 공감: 내가 소중히 여기는 사람에게 하듯 나를 충분히 공감해 주기
5. 위로/응원: 내가 소중히 여기는 사람에게 하듯 나를 위로하거나 응원해 주기
6. 조언: 내가 소중히 여기는 사람에게 하듯 나에게 조언하기

예) 이 친구가 어떻게 하면 좋을까?/네 탓이 아니야./마음 고
생 많았지? 우리 더 좋은 선택을 해볼까?

영원한 내 편 되어주기

끝으로 당신에게 꼭 해주고 싶은 말을 남기려 합니다. 자신감
은 자기 자신을 믿는 것입니다. 이러한 의미에서 "나는 지금 이대
로 충분히 가치가 있다.", "나는 사랑받을 자격이 충분하다.", "나
는 존재 자체로 귀하다."라고 자기 자신에게 매일 이야기해 주면
좋겠습니다. 혹 말하는 게 쑥스러우면 글로 쓰세요. 오늘 내 모습
이 좀 한심해 보여도 탓하지 말고, '요즘 네가 많이 지쳤나 보구
나. 그래서 아무것도 하기 싫었던 거야.'라고 위로해 주세요.

고백하자면 저는 저를 향한 위로가 마치 자기 합리화처럼 여겨
져서 위로의 말을 잘 건네지 못했습니다. 오늘 하루를 돌아보고
나에게 칭찬을 건네기보다는, 오늘보다 나은 모습으로 살기 위해
반성하고, 더 열심히 해야 한다는 말로 저를 채찍질했어요. 이로
써 온전히 '지금'이라는 시간에 집중하지 못했습니다. 내일만 바
라보며 산 것 같아요. 이렇게 살다 보니 몸과 마음이 병들고, 주기
적으로 우울한 감정에 휩싸였어요. 몸은 저에게 자꾸 신호를 보내
는데, 알아차리지 못하고 앞만 보고 달린 거죠.

그 결과, 저는 신우신염과 요로결석을 주기적으로 앓게 되었습니다. 이 병은 발병하는 순간 아무것도 못 할 만큼 아파요. 예전에는 어쩔 수 없이 쉰다며 투덜거렸는데, 이제는 덕분에 쉰다며 "그동안 고생했지? 조금 쉬었다가 가자."라고 위로의 말을 건넵니다. 이는 위에서 안내한 파도타기 글쓰기의 영향입니다. 한마디로 이 세상에서 영원한 내 편은 '나'라는 걸 깨달은 것이죠.

이렇게 내가 내 편이 되어줘야 해요. 열심히 노력했지만, 마음처럼 안 되는 일이 참 많으니까요. 그럴 때마다 우리는 자신감이 꺾이고, 살맛이 안 납니다. 가령, 남편이 내 맘을 몰라줄 땐 이 세상에 내 편이 하나도 없는 것처럼 여겨져서 서럽죠. 그렇다고 아이들이 내 편인 것도 아닙니다. 그러니 스스로 위로하고, 공감하며, 잘하고 있다는 응원이 필요합니다. 그러려면 매일 나에게 오는 작은 파도를 관찰하고, 있는 그대로 수용하는 힘을 길러야 합니다.

저는 그것을 파도타기 글쓰기를 통해 실천 중입니다. 덕분에 마음껏 저를 덕질하면서 '지금'이라는 가장 값진 순간을 만끽하고 있습니다.

| 도키코치의 한마디 |

인생은 파도를 타는 것과 같습니다.

파도타기 글쓰기를 통해 매일 나를 돌보는 연습을 한다면

눈앞에 어떤 파도가 몰려와도 잘 넘어갈 수 있을 거예요.

글쓰기를 통해 힘든 마음을 치유하는 사람이 많습니다. 파도타기 글쓰기의 목적도 그와 같습니다. 내 마음을 잘 알면, 나 자신을 위로하는 힘이 길러짐은 물론, 흔들리더라도 빠르게 일어나는 멘탈을 가지게 됩니다. 그 효과는 해본 사람만이 알 수 있으니, 아래 사용설명서를 참고하여 파도타기 글쓰기를 이어가 보세요.

규칙 1. 사건을 객관적인 시선으로 바라봅니다.

규칙 2. '이 상황을 바라보는 나의 마음이 어떠한가'에 집중합니다.

규칙 3. 나를 충분히 위로해 주세요.

규칙 4. 그 어떤 판단이나 평가를 나에게 하지 않습니다.

1. 생각나는 사건이나 사람에 대해 적어봅니다.
   (관찰자의 입장으로 객관적으로 쓰세요.)

2. 감정: 이 상황을 바라보는 나의 감정은 어떤가요?

3. 욕구: 이 상황에 대해 어떤 욕구가 있나요?

4. 공감: 내가 가장 사랑하는 사람 또는 소중히 여기는 사람에게 하듯 충분히 나를 공감해 주세요.

5. 위로/응원: 내가 가장 사랑하는 사람 또는 소중히 여기는 사람에게 하듯 충분히 나를 위로해 주세요.

6. 조언: 내가 가장 사랑하는 사람 또는 소중히 여기는 사람에게 하듯 충분히 나에게 조언해 주세요.

예) 이 친구가 어떻게 하면 좋을까?/너의 탓이 아니야.

파도타기 글쓰기

날짜 :　　　　　　　에너지 레벨:　　　　　　기분:

<table>
<tr><td>사건</td><td>감정</td></tr>
<tr><td>욕구</td><td>공감</td></tr>
<tr><td>위로/응원</td><td>조언</td></tr>
</table>

도키교육

수강생의
팬레터

도키코치를 통해
책 읽는 아들과 만나다

저는 현재 초등학교 4학년 남자아이의 엄마입니다. 평소 독서의 중요함을 잘 알기에 아이에게 많은 책을 읽히고 싶은 욕심이 컸어요. 하지만 그림책에서 긴 장문의 글이 있는 책으로 넘어가는 것이 쉽지 않더라고요. 아이가 그림이 없거나 글밥이 많은 책 읽기를 부담스러워했거든요. 어떻게 하면 아이의 독서 스킬을 높여줄 수 있을까에 대해 고민하던 무렵, 도키코치 님의 '슬기독'을 알게 되었죠. 고전이나 인문학책을 매일 챕터별로 나누어 읽고, 한 문장씩 필사하면서 모방 글짓기를 하는 활동이었습니다.

이때가 초등학교 3학년이 시작되던 무렵이었는데, 그림책만 보던 아이는 글이 많은 책을 읽어야 한다고 하니 난색을 보였어요. 그래서 엄마가 함께해 주겠노라고 어르고 달랬죠. 그게 무엇이 되었든 엄마가 함께하면 좋아하는 아이의 성향을 겨냥한 것이었습니다. 도키코치 님도 엄마가 함께 참여하면 좋다고 적극 권하기도 하셨고요.

그렇게 슬기독을 시작한 지 3개월이 지났을 무렵, 아이가 혼자서 책을 읽겠다고 하더라고요. 엄마인 제가 읽어주면 본인이 직접 읽는 것보다 속도가 느리니 답답하다고 하면서요. 또 매일 주어지는 분량이 많지 않아서 부담을 느끼지도 않았습니다. 당연히 시간이 흐르면서 읽은 고전 도서 목록이 1권, 2권, 3권 …… 쌓여갔죠. 이때 저는 읽는 양이 많지 않아도 그저 기다려 주었습니다. 슬기독이 아니었다면 아이가 선택하지 않았을 고전과 인문학 서적을 꾸준히 읽고 있다는 그 자체만으로도 대견하다 싶었으니까요.

그런데 딱 1년이 지나고 4학년이 되었을 때, 슬기독의 효과가 조금씩 보였습니다. 학기 초 담임 선생님이 추천해 준 『모모』라는 책을 도서관에서 빌려와서 읽고 있더라고요. 글씨 크기도 작고, 300페이지가 넘는 책이라 과연 아들이 끝까지 잘 읽어낼까 싶었는데, 일주일 만에 다 읽고는 너무 재미있다면서 재독하고 싶으니

사달라고 하더라고요. 깜짝 놀랐죠. 어른에게도 쉽지 않은 책을 아이가 뚝딱 읽어 냈으니까요.

이처럼 독서 스킬이 한 단계 오른 아이는 두꺼운 책에 대한 거부감이 사라진 듯했어요. 그리스 로마 신화, 역사 답사기 등을 읽어 나가는데, 주로 등교하기 전 아침 시간과 하교 후 간식 시간에 몰입하고 있습니다. 그 모습이 그렇게 흐뭇할 수가 없어요.

게다가 매일매일 쌓아간 모방 글짓기는 여러 서술형 평가에서 빛을 발하는 중이에요. 특히 수학 서술형은 마치 답안지를 보고 쓴 듯 조사 몇 개만 다를 뿐, 답안지와 흡사한 답을 적어내는 아이의 글쓰기 실력에 매번 놀라고 있답니다. 특히 어휘력이 눈에 띄게 넓어졌더라고요. 이유인즉, 고전과 인문학책에 어려운 단어가 많이 나오니, 자연스레 높은 단계의 어휘를 습득했던 것이었습니다.

읽기뿐만 아니라 글짓기 실력까지 쌓인 것을 보니, 하루도 빠지지 않고 슬기독을 해온 아이와 옆에서 꾸준히 할 수 있도록 격려했던 저 스스로를 칭찬하고 싶어집니다. 물론 슬기독을 접하게 해준 도키코치 님에게 가장 감사하고요.

굳이 논술 학원에 보내지 않더라도 아이와 도키코치 님의 교육 방향을 믿고 꾸준히 해나간다면, 누구든 만족스러운 성과를 맛보게 되리라 믿어요. 만일 저처럼 아이가 읽고 쓰는 즐거움을 알게 되어 부모로서 기쁨을 누리고 싶은 분이라면, 꼭 도키코치 님을 만나보길 권합니다.

꿈꾸던 모습을 그려낸
아들 공감러 이수진

도키코치를 만나고
가정의 평화를 찾다

아이 셋을 키우는 엄마인 저는 공부의 중요성에 대해 크게 신경 쓰지 않았습니다. 저뿐만 아니라 남편도 '공부할 아이는 어떻게든 하게 되어 있다.'라는 막연한 믿음을 갖고 있었고, 딱히 무언가를 가르쳐야 한다는 생각도 하지 않았죠. 그런데 이게 웬걸. 초등학교 저학년 때는 평균 이상의 성적을 유지하고, 자기가 해야 할 일은 꾸준히 스스로 하던 첫째가 고학년이 되고 나서 그 신념이 와르르 무너지고 말았습니다.

이에 저는 엄마가 열심히 공부하고, 성장하면 아이들도 자연스럽게 따라 올 것이라며, 저의 자기 계발에 집중했습니다. 하지만 이 또한 저만의 착각이었습니다. 초등학교 6학년이 된 첫째가 친구들과 어울려 다니기 시작하면서 기본 생활이 서서히 무너지더니, 중학교 1학년이 되어서는 사춘기까지 더해져 종잡을 수 없게 됐으니까요. 너무 많이 변해버린 아이를 바라보며 답답해하던 중, 도키코치 님을 만났습니다. 그리고 첫째의 상황을 두고 소통하면서, 여태껏 아이들이 아닌 엄마인 '나' 중심의 공부를 해왔다는 걸 깨닫게 됐습니다.

도키코치 님의 "엄마만 성장하지 말고, 아이도 함께 성장합시다!"라는 한마디에, 첫째를 코치님과 만나게 했고, 시간이 지나면서 꿈 없이 방황만 하던 아이가 하고 싶은 일을 찾는 놀라운 변화를 느꼈습니다. 지금은 그 목표를 향해 달려가고 있고요.

물론 이렇게 되기까지는 기다리는 시간이 필요했습니다. 코치님과 만난 첫 시간에는 지켜보기에 민망할 정도로 삐딱하게 앉아 있는가 하면, 대답도 건성으로 했거든요. 그런데 어느 순간부터는 아이가 자기 이야기를 조금씩 하는가 싶더니, 자세도 좋아지고, 집중까지 하는 모습을 보여줬습니다. 이렇게 첫째가 바뀌니, 둘째와 셋째도 자연스럽게 학습 습관이 잡혔는데, 아마도 그건 도키코치 님이 늘 강조하는 공부를 왜 해야 하는지, 어떻게 해야 하는지를 정확하게 알게 되어서인 듯합니다.

도키코치 님은 제게도 큰 영향을 주셨는데요. 바로 멘탈 관리에 대한 부분입니다. 엄마의 감정 기복이 크면, 아이에게도 좋지 않다는 사실을 일깨워주셨거든요. 다시 말해, 엄마의 기분에 따라 아이가 잘하던 것도 엉망이 될 수 있다는 점을 인지하게 된 것이죠. 그리하여 저는 나도, 아이들도 흔들리지 않길 바라는 마음으로 도키코치 님이 운영하는 '온리원 맘스코칭' 과정에 합류했습니다.

처음에는 도키코치 님이 일러주는 방식에 적응하는 게 쉽지는 않았지만, 점점 엄마로서 해야 할 일을 찾게 되고, 나 스스로 자신감이 채워지니 신기하기만 했습니다. 그리고 무엇보다 나의 감정을 다스리는 힘을 갖게 되니 아이들과 부딪치는 일이 줄었습니다. 덕분에 지금은 충분한 대화로 모든 문제를 해결해 나가고 있습니다. 특히 도키코치 님과 함께하면서 가장 좋았던 내용은 감정 나누기였는데, 평소 마음 표현에 서툴렀던지라 이를 삶에 적용하면서부터는 아이들과 더 돈독해졌고, 가정도 눈에 띄게 평온해 졌습니다.

아마 도키코치 님을 만나지 않았더라면, 저와 아이들은 아직도 서로를 이해하지 못하고, 각자의 꿈이 무엇인지도 모른 채 앞만 보고 달렸을 거예요. 상상만 해도 아찔한 상황이죠. 그러니 저는 아이는 혼자가 아닌 엄마와 함께 성장해 나간다는 진리를 전해주고, 저와 아이들의 미래를 기대하게 해준 도키코치 님에게 참 감사합니다. 그러하기에 더 많은 분이 도키코치 님을 알았으면 합니다.

동행의 꿈을 키워나가는
성장가 임주희

도키코치에게서
참사랑을 배우다

저는 의욕이 넘치는 엄마였습니다. 혼자 5살, 3살, 돌을 갓 지난 아이를 데리고 겁도 없이 서울에 견학을 다녀올 정도로 아이를 위해서라면 뭐든지 할 수 있다고 생각했으니까요. 그런데 문제는 나를 몰라도 너무 모른다는 점이었습니다. 의욕만 앞설 뿐 체력 관리도 안 됐고, 체계가 없었음에도 이것저것 시도하면서 일을 벌였거든요. 게다가 미래에 대한 불안감에 나 자신도, 아이들도 믿지 못했습니다.

그래도 아이만큼은 잘 키우고 싶어 책을 찾아 읽고, 열심히 사는 엄마의 모습을 보여주기 위해 일을 했습니다. 그러나 이는 저의 오산이었습니다. 노력한다고는 했지만, 아이들을 방치하는 결과를 초래하고 말았거든요. 넷째가 태어나면서부터는 상황은 더욱 악화됐습니다. 이러다가 큰일 나겠다 싶었던 찰나에 코로나19 영향으로 일을 관두게 되면서 엄마표 교육을 시작했죠.

하지만 곧 벽에 부딪혔습니다. 자세부터 바로잡는 데 애를 먹었으니까요. 학습 습관이 잡히지 않아 일어난 당연한 현상인데도 답답한 마음에 저는 타일러도 보고, 야단도 쳐보며 속만 태웠습니다. 이때 기적처럼 도키코치 님을 만났습니다.

도키코치 님을 만나고 아이도 아이지만, 가장 큰 변화가 일어난 건 엄마인 저였습니다. 그동안 저는 많은 육아서와 부모 교육을 접하면서 "이 세상에 나쁜 아이는 없고, 아이의 나쁜 태도의 원인은 부모의 문제 행동에 있다."는 말을 숱하게 들었지만, 정작 저의 부족함은 인지 못하고 있었습니다.

이런 저에게 도키코치 님은 내 안에 일어나는 부정적 감정과 그로 인한 행동을 인정하는 법을 알려주면서 건강한 교육 철학과 자녀교육법까지 안내해 주셨습니다. 그 과정을 통해 긍정적인 방향으로 달라지는 걸 스스로 느꼈고요.

신기하리만큼 아이들도 이전과는 눈에 띄게 달라졌습니다. 방문을 닫고 자기 방에만 틀어박혀 있던 아이들이 이제는 거실에 나와 함께 책을 읽는가 하면, 학교에서 있었던 일을 스스럼없이 재잘재잘 늘어놓습니다. 그러면 유치원생인 막내도 자기도 할 얘기가 있다며 조르르 달려와 대화에 참여합니다. 한마디로 시시때때로 이야기꽃이 만발하는 것이죠.

아이들 학습 문제로 도키코치 님을 만났지만, 아이들과의 관계까지 개선되니 이보다 더 좋을 수 있나 하는 기분이 절로 듭니다. 이는 도키코치 님과 함께하면서 나를 더 깊이 알고, 인정하면서 자신을 사랑하게 된 결과라고 확신합니다.

때로는 뒷골이 얼얼할 정도로 채찍질을 하기도 하지만, 그 속에는 엄마인 나와 우리 아이들을 향한 애정이 있음을 알기에 그녀의 팬을 자처하지 않을 수 없는 저입니다. 심지어 나조차도 평범한 주부라고만 생각한 나를, 4남매니 네 개의 기업을 운영하는 회장님이라고 치켜세워 준 그날의 감동은 평생 잊을 수 없을 듯합니다.

'나' 사랑에 눈을 뜬
4개 기업의 회장 박옥심

품격 있는 부모를 위한 세레나데

혹시 지금 자녀로 인해 힘든 시간을 보내고 있다면,
자녀와 잠시 거리를 두고 당신을 먼저 돌보기를 권합니다.

우선 나를 미소 짓게 하는 것들을 찾아보세요.
그러려면 먼저 나와 친해져야 해요.

거울을 보고 씩 웃어보세요.
거울을 보고 거울에 비친 자신에게
미소를 지으며 공감과 위로의 말을 전하세요.

"충분히 잘하고 있어!"
"아이가 말썽을 부려도 너와 아이는 존재 자체로 귀해!"

빛나는 오늘 하루를
오롯이 느끼고 경험하다 보면,
돈을 쓰지 않고도
즐거워지는 법을 찾을 수 있을 거예요.

내가 놓친 행복이 무엇이었는지
발견하고, 기억하세요.

이렇게 행복의 지분을 올려보세요.
부모가 행복해야 아이도 잘 키울 수 있습니다.

자녀는 나의 시험이고
신으로부터 위탁받은 것이며,
나에게 맡겨진 임무입니다.

나는 자녀로 인해 계발되고,
다듬어지고 있습니다.
육아는 삽질이 아닌 최고의 자기 계발인 셈이죠.

당신의 관점이 당신의 삶을 만듭니다.

그리고 마지막으로 딱 하나
당부드리고 싶어요.

자녀 교육의 열쇠를 잃어버리면
내 자녀는 부도납니다.

부모의 권위가 무너지는 순간,
교육은 실패합니다.

자식과 밀당은 하되, 밀리지는 말아요.

2023년 9월 1일 초판 1쇄 발행

지은이 │ 황선희
편집인 │ 문수림
책임편집 │ 윤수빈
표지 디자인 │ 허은혜
디자인 총괄 │ 문수림
제작·마케팅 총괄 │ 문수림
출판 총괄 │ 문수림

발행인 │ 문수림
발행처 │ 마이티북스(15번지)

© 마이티북스
연락처 │ 010-5148-9433
이메일 │ novelstudylab@naver.com
홈페이지 │ http://마이티북스.com

ISBN 979-11-984193-0-9

도서 제작 과정에서 아래의 폰트를 사용했습니다.
'KoPub바탕체, KoPub고딕체, Noto Sans CJK KR, 레시피코리아, 세종병원체, 레베카체, G마켓 산스'

창작자들을 위해 무료로 배포해준 폰트 제작자 여러분에게 지면을 빌려 감사의 마음을 전합니다.